SERIAL KILLER LAND

NOKUTO KOIKE

W0329927

1

SOMMAIRE

CECI EST UNE FICTION. TOUTE RESSEMBLANCE AVEC DES PERSONNAGES, GROUPES OU AFFAIRES AYANT RÉELLEMENT EXISTÉ SERAIT PUREMENT FORTUITE.

DING
DONG
SÔ !
QUELQU'UN A SONNÉ ! VA OUVRIR LA PORTE !
OH NON ! VAS-Y, MAMAN !
J'AI LES MAINS PRISES !
ET PUIS...
C'EST PEUT-ÊTRE PAPA, QUI SAIT ?
CHAPITRE 1
HEIN ?
PAPA ?
TAP
CLAP
CLAC !
PAPA !
SAL...

...
MA...
DOM
ゴッ

DIX ANS PLUS TARD...
"VRAIMENT ? C'EST POUR CETTE RAISON RIDICULE QUE TU L'AS TUÉ ?"
TAC カタ
TAC カタ
TAC カタ
TAC カタ…
HALETANT, KAZUYA AVAIT DU MAL À CONTENIR SON ENVIE DE CRIER.
"RIDICULE ?" KOBAYASHI OBSERVAIT AVEC INDIFFÉRENCE...

LE COUTEAU ENSANGLANTÉ QU'IL TENAIT EN MAIN. IL MARMONNA :
TAC
カタ
"EST-CE QU'UN PSYCHOPATH
TAC
カタ
PSYCHO GIE DES CRIMES VIOLENTS
TAC
カタ
HISTOIRE S TUEURS EN SÉRIE
"PEUT-ÊTRE QUE POUR TOI, OUI, C'EST LE CAS..."
DRIIIING
6:30
DRIIIING
RAAH !
DÉJÀ L'HEURE DE L'ÉCOLE...
ALORS QUE J'ÉTAIS À DEUX DOIGTS DE FINIR MON PREMIER CHAPITRE...
J'AI QUAND MÊME DES DOUTES SUR LES DIALOGUES DE MON TUEUR.
CLAP
À NE RACONTER QUE DES CHOSES VIOLENTES ET BIZARRES, ÇA MANQUE DE NATUREL.
BREF...
À DEUX MOIS DU RENDU DES MANUSCRITS POUR LE PRIX DE LA RÉVÉLATION DE L'ANNÉE DES ROMANS JUNIORS...
JE DOIS ME SORTIR LES DOIGTS.

SCRATCH
FRRT...
TING
T'AS ENCORE PASSÉ LA NUIT À ÉCRIRE, SÔ ?
RASSURE-MOI, TU BOSSES AUSSI TES COURS, J'ESPÈRE ?
BIEN SÛR.

TU FERAS LIRE À TON PÈRE CE QUE TU ÉCRIS ?
NOPE.
JE TE PRÉVIENDRAI QUAND ÇA SERA EN ÉTAT D'ÊTRE LU.
D'ICI-LÀ, MÊME SI UN CHAPITRE EST PRÉPUBLIÉ DANS UN MAGAZINE, TU N'AURAS PAS LE DROIT DE LE LIRE.
JE PARS RÉCUPÉRER LE JOURNAL.
...

PERSONNE.
LOGIQUE.
MAIS JE COMPTE BIEN METTRE FIN À CETTE SOUFFRANCE D'ICI PEU !
CLAP
CE CRIME HANTE MON ESPRIT DEPUIS TOUJOURS.

CLAP
HUM ?
TIENS ?
C'EST QUOI ?

EXP.014
Ô DÉFUNTS.
VOUS QUI AVEZ ÉTÉ TÉMOINS
DE L'APOCALYPSE.
RELEVEZ-VOUS ET
EXTERMINEZ.INCENDIEZ
LE MONDE AVEC VOTRE
MALÉDICTION.
Ô DÉFUNTS.
VOUS QUI AVEZ ÉTÉ TÉMOINS DE L'APOCALYPSE.
RELEVEZ-VOUS ET EXTERMINEZ.
INCENDIEZ LE MONDE AVEC VOTRE MALÉDICTION.

PFF
23
ENCORE UNE ?
COMMENT OBTIENNENT-ILS LES INFOS PERSONNELLES DES VICTIMES DE CRIMES ?
FLAP
JE N'AI ENFIN PLUS L'OBLIGATION DE SUIVRE LEURS THÉRAPIES BIZARRES...
SI JE MONTRE ÇA À MON PÈRE, IL VA ENCORE ANGOISSER POUR RIEN.

QUOI ?
TOI AUSSI T'AS REGARDÉ "SERIAL KILLER FILES" ?
OUAIS, C'ÉTAIT TROP FLIPPANT.
SURTOUT LE TROISIÈME ÉPISODE, "KEMPER".
MOI, C'EST LE PREMIER, "DEAD BUNDY", QUI M'A FAIT LE PLUS FLIPPER.
LYCÉE MUNICIPAL
TAKIYAMA
IL PARAÎT QU'ILS N'ONT JAMAIS RETROUVÉ JACK L'ÉVENTREUR, CELUI DE LA FIN DE LA PREMIÈRE SAISON.
SI ÇA AVAIT ÉTÉ MOI, J'AURAIS PLUS ÉTÉ CAPABLE DE MARCHER DANS LA RUE.

LUI, C'ÉTAIT UNE TERREUR. IL OUVRAIT LE VENTRE DE SES VICTIMES POUR FAIRE SORTIR LEURS BOYAUX...
ENSUITE, IL ME SEMBLE QU'IL LES ALIGNAIT.
ON RETROUVAIT AUSSI LES PLUS GROS MORCEAUX DE BARBAQUE SUR DES TABLES...
MÊMES LES NICHONS, IL LES COUPAIT. AINSI QUE LE VISAGE.
BEUUURK ! TU ME DÉGOÛTES !

ÇA VEUT DIRE QUOI, "SERIAL KILLER" ?
C'EST UN TUEUR, EN GROS.
IMBÉCILE !
C'EST PAS UN SIMPLE TUEUR !
UN SIMPLE MEURTRIER...
ÇA TUE PAR HASARD...
OU PAR HAINE DE QUELQU'UN.
C'EST EN TOUT CAS SOUVENT POUR CES RAISONS.
MAIS...
POUR UN SERIAL KILLER, C'EST DIFFÉRENT.
HEIN ?
IL Y A QUOI D'AUTRE, COMME RAISONS ?

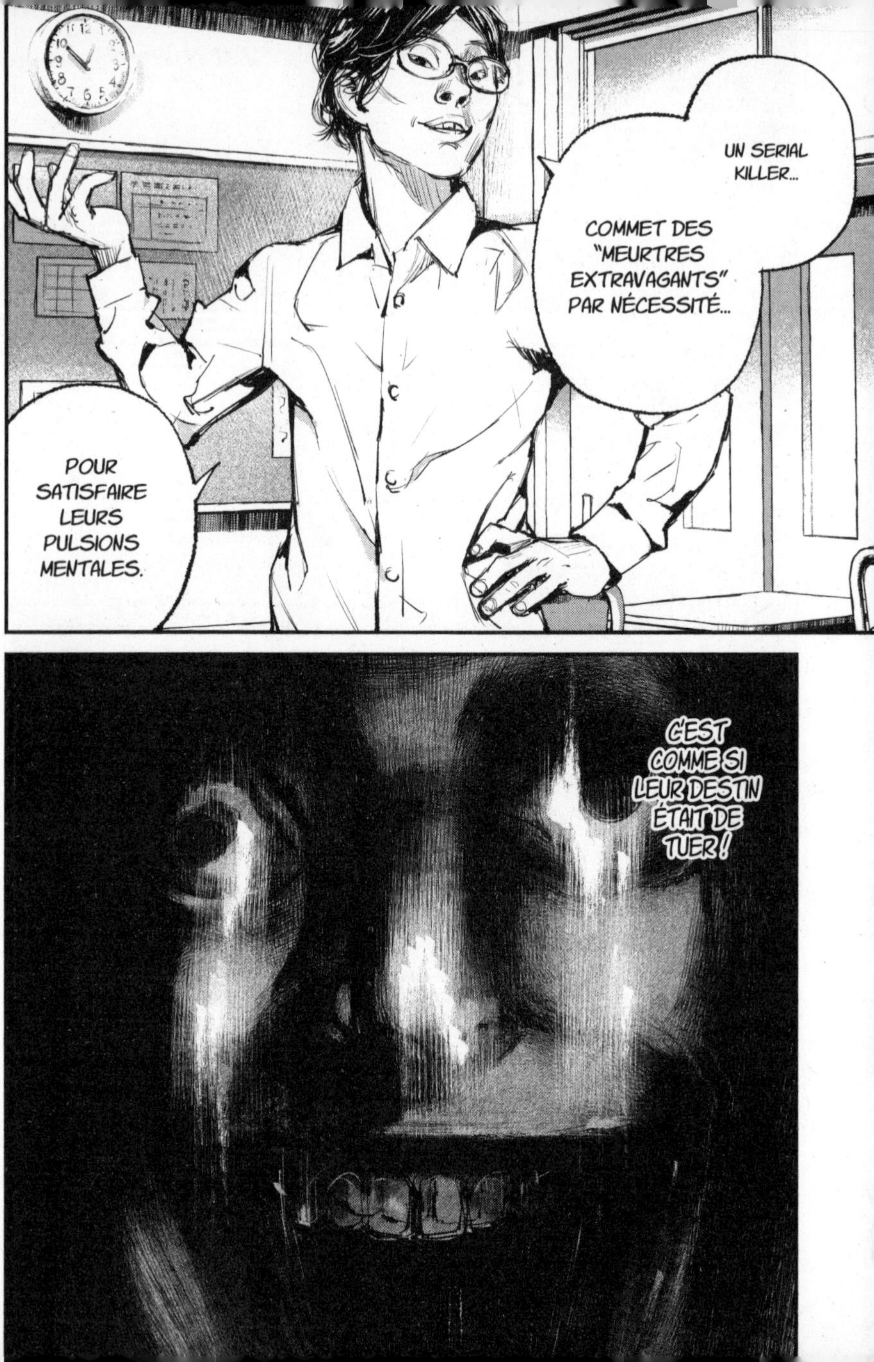
UN SERIAL KILLER...
COMMET DES "MEURTRES EXTRAVAGANTS" PAR NÉCESSITÉ...
POUR SATISFAIRE LEURS PULSIONS MENTALES.
C'EST COMME SI LEUR DESTIN ÉTAIT DE TUER !

* NDT : "DE L'ENFER"

QUAND TON DESTIN TE FORCE À TUER DES GENS...
IL NE TE DONNE PAS LE CHOIX DE NE TUER PERSONNE.
TU N'ES EN FAIT QUE L'ESCLAVE DE TES PULSIONS.
J'AIMERAIS PERSONNELLE-MENT NE PAS AVOIR À TUER POUR CES RAISONS.

ERIMINE ?!
QU...
QU'EST-CE QUI TE PREND SOUDAIN...
ET DEPUIS QUAND T'EN SAIS AUTANT À LEUR SUJET, TOI ?!
GYOUH
VIENS, KAWAGOE.
HEIN ?
PSST...
PSST...
PSST...
QUOI ?!
MAIS ALORS, CETTE BLESSURE DANS LE DOS...
ERIMINE EST...
LE SURVIVANT DE L'AFFAIRE DE MEURTRE DE CETTE MÈRE IL Y A DIX ANS.

SÉRIEUX ?
MAIS ALORS L'ENFANT AVAIT SURVÉCU ?
OUI.
MAIS AVEC UNE GRAVE BLESSURE, CEPENDANT.
QUANT À LA MÈRE, PAR CONTRE...

ON N'A
JAMAIS...
RETROUVÉ
SA TÊTE.
...
MAIS
OUI !
IL EST
ESCLAVE
DE SES
PULSIONS !
GL'OUP

CLAM
ガラッ
JE SAIS COMMENT AMÉLIORER LES DIALOGUES DE MON CRIMINEL !
JE DOIS VITE ALLER ÉCRIRE LA SUITE !
J'AI TOUJOURS AUTANT DE MAL À COMPRENDRE LE FOND DE SA PENSÉE.
C'EST BIEN CE QUE JE ME DISAIS, LES COMMENTAIRES TROP BRUTAUX SONT À PROSCRIRE.
TAC カタ
TAC カタ
TAC カタ
POUR EUX, CES ACTES SONT INÉVITABLES.
ILS ONT UNE IMPATIENCE QU'ILS NE PEUVENT CONTRÔLER...
COMME S'ILS ÉTAIENT APEURÉS PAR QUELQUE CHOSE...
TAC カタ
TAC カタ

J'AI LE SENTIMENT DE M'ÊTRE ENCORE RAPPROCHÉ D'EUX.
QUAND CE ROMAN SERA TERMINÉ, JE POURRAI ENFIN AFFIRMER QUE JE LES COMPRENDS.
LES HOMMES ONT PEUR DE L'INCONNU.
UNE MEILLEURE COMPRÉHENSION M'AIDERA DONC, PEUT-ÊTRE, À DISSIPER MES CRAINTES.
EST-CE QUE JE LES COMPRENDS VRAIMENT...
OU EST-CE DE LA SIMPLE AUTOSATIS-FACTION ?
JE LE SAURAI SI JE REMPORTE LE PRIX DE LA RÉVÉLATION DE L'ANNÉE.

HÉ ! HÉ !
IL SERA BIENTÔT À MOI !
JE VAIS ENFIN ME LIBÉRER DU FANTÔME DE CE TUEUR EN SÉRIE QUI ME HANTE DEPUIS TANT D'ANNÉES.
FLAP
FLAP
FLAP
HUM ?

EXP.014
Ô DÉFUNTS.
VOUS QUI AVEZ ÉTÉ TÉMOINS
DE L'APOCALYPSE.
RELEVEZ-VOUS ET
EXTERMINEZ.INCENDIEZ
LE MONDE AVEC VOTRE
MALÉDICTION.
ENCORE ÇA...
L'ENVELOPPE DE CE MATIN.
FLAP
JE NE SAVAIS PAS QUE JE L'AVAIS PRISE AVEC MOI.
FRRT
IL Y A UN PAPIER CRADE À L'INTÉRIEUR...
FRRT
FRRT

"FROM...
HELL"...
MAIS ! C'EST UNE DES LETTRES ÉCRITES PAR JACK L'ÉVENTREUR !
EXACTEMENT LA MÊME QUE CELLE QUE J'AI VUE SUR LE NET.
C'EST BIEN FAIT, DIS DONC...

CRIII...
...
HEIN ?
FLAP...

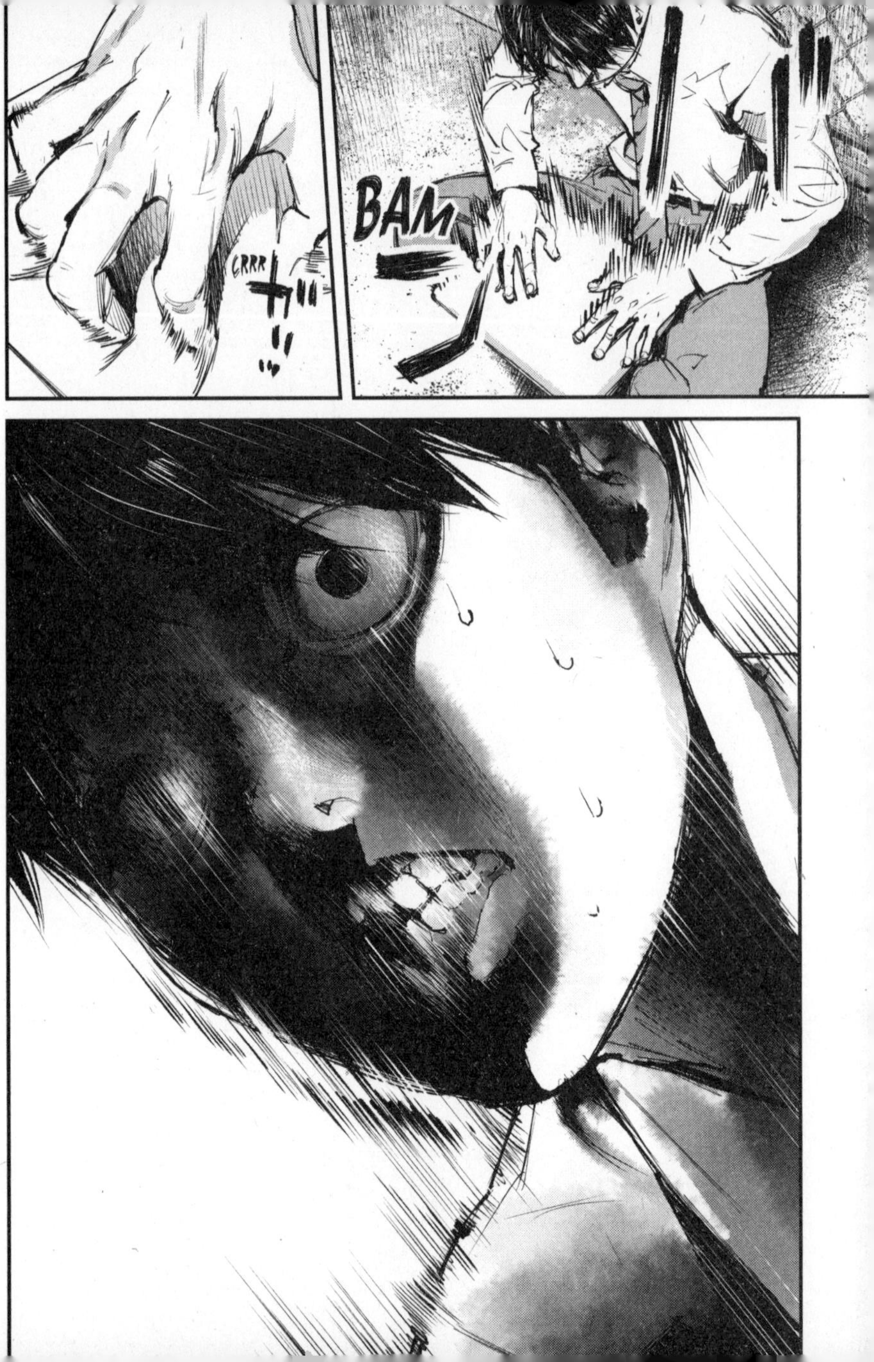
CRRR
BAM

DIIING
キーン
DOOONG
コーン
DIIING
キーン
DOOONG
コーン
OUH...
GIIIH...
J'AI PU PÉNÉTRER...

AH T'ES LÀ, ERIMINE !
JE ME DOUTAIS QUE T'ÉCRIVAIS ENCORE TON ROMAN !
LE COURS VA REPRENDRE !
...
AKAGI...
T'AURAS QU'À T'Y REMETTRE CE SOIR, CHEZ TOI.

C'ÉTAIT QUOI...
À L'INSTANT ?
DOONG
DIIING
ET DIRE QUE J'AVANÇAIS BIEN DANS MON ROMAN.
FRRT
J'AI MAL AU CRÂNE...
HAA...
AURAIS-JE ATTRAPÉ LA CRÈVE, SUR LE TOIT ?
EXP.014
Ô DÉFUNTS.
VOUS QUI AVEZ ÉTÉ TÉMOINS
DE L'APOCALYPSE.
RELEVEZ-VOUS ET
EXTERMINEZ.INCENDIEZ.
LE MONDE AVEC VOTRE

SI ÇA N'A PAS ATTERRI DANS MA BOÎTE AUX LETTRES PAR HASARD...
テナント募集
C'EST QUE LE TYPE QUI A FAIT ÇA CONNAISSAIT MON PASSÉ.
BON SANG !
ÇA M'ÉNERVE !
テナント募集
J'AVAIS DÉJÀ TOUTES LES PEINES DU MONDE À ME SORTIR DE CET ENFER...

APRÈS ÊTRE SORTI DE L'HÔPITAL...
J'AI SOUVENIR D'AVOIR ÉTÉ TRIMBALLÉ DANS UNE MULTITUDE D'ÉTABLISSEMENTS POUR SOIGNER MON TRAUMATISME.
LE PIRE, C'ÉTAIT MON PÈRE QUI NE CESSAIT DE SE PLAINDRE.
AU DÉBUT, IL ME SEMBLE QUE J'ALLAIS DANS DES HÔPITAUX PSYCHIATRIQUES.
MAIS COMME ÇA NE S'AMÉLIORAIT PAS, ON A COMMENCÉ À M'ENVOYER DANS DES ENDROITS ENCORE PLUS DOUTEUX.

CONSEILLER SPIRITUEL
SOUCIS DE CŒUR
TROUBLES DE L'ESPRIT
APPRENTISSAGE DE LA VIE
ET AUTRES PROBLÈMES
QUOTIDIENS
COMME ICI, PAR EXEMPLE.
ON ME FAISAIT RÉCITER DES INCANTATIONS LOUCHES EN TENANT DE L'ENCENS... JE DÉTESTAIS ÇA.
SOUCIS DE CŒUR
TROUBLES DE L'ESPRIT
APPRENTISSAGE DE L
ET AUTRES PROBLÈM
QUOTIDIENS
...
HUM ?
AU FAIT, CETTE ENVELOPPE...

...
STITUT DE RECHERCHE DES ESPRITS HOKUTO
SÔ ?
C'EST BIEN TOI, SÔ ?
ÇA FAISAIT UN BAIL !
TU VAS BIEN ?
MAÎTRE HOKUTO...

AH BON...
ÇA ALORS, QUEL HASARD !
MOI QUI ÉTAIS PERSUADÉE QUE TU PASSAIS ME VOIR, COMME AU BON VIEUX TEMPS.
VOTRE BOUTIQUE EST SIMPLEMENT SUR LE CHEMIN DU RETOUR DE L'ÉCOLE...
HÈ HÈ
HÈ HÈ
C'EST FOU CE QUE LES ENFANTS GRANDISSENT VITE.
QU..
QUOI ?
...
QUAND EST-CE LA DERNIÈRE FOIS QUE TU ES VENU CONSULTER ?
QUAND TU VENAIS AVEC TON PÈRE ?

AH OUI !
TU VENAIS D'ENTRER AU COLLÈGE, JE CROIS.
...
EUH...
TON UNIFORME ÉTAIT ENCORE TROP GRAND POUR TOI...
HÉ ! HÉ !
JE VAIS DEVOIR RENTRER.
SSH...
UN INSTANT.
TU DISAIS TOUT À L'HEURE ÊTRE PASSÉ DEVANT CHEZ MOI PAR HASARD.
J'AVAIS MOI AUSSI BEAUCOUP DE TRAVAIL AUJOURD'HUI, EN VILLE...
ET LE HASARD A FAIT QU'ON S'EST RENCONTRÉS PILE QUAND JE RENTRAIS.
ÇA FAIT TOUT DE MÊME DEUX SACRÉES COÏNCIDENCES, TU NE TROUVES PAS ?

DANS NOTRE MONDE...
ON N'APPELLE PAS ÇA LE "HASARD".
MAIS LA "GUIDANCE"...
QUELQUE CHOSE OU QUELQU'UN QUI TE PROTÈGE A CERTAINEMENT...
MENÉ TES PAS CHEZ MOI POUR UNE RAISON.
L'AYANT SU, MON ANGE GARDIEN...
FRRT
M'A FAIT REVENIR ICI AU MÊME MOMENT.

ÇA...
C'EST VOUS QUI L'AVEZ...
MISE DANS MA BOÎTE AUX LETTRES, N'EST-CE PAS ?
VOUS ALLEZ ARRÊTER TOUT DE SUITE !
JE VAIS...
BIEN MIEUX.
ET JE N'AI DE TOUTE FAÇON JAMAIS CRU EN VOS SORNETTES.

PFF...
ふー...
FRRT
ALORS PRENDS AU MOINS ÇA AVEC TOI.
...
JE VOUS RÉPÈTE QUE...
J'AURAIS PRÉFÉRÉ T'OFFRIR UNE VRAIE PRIÈRE...
MAIS JE N'INSISTE PAS PUISQUE TU N'EN VEUX PAS.

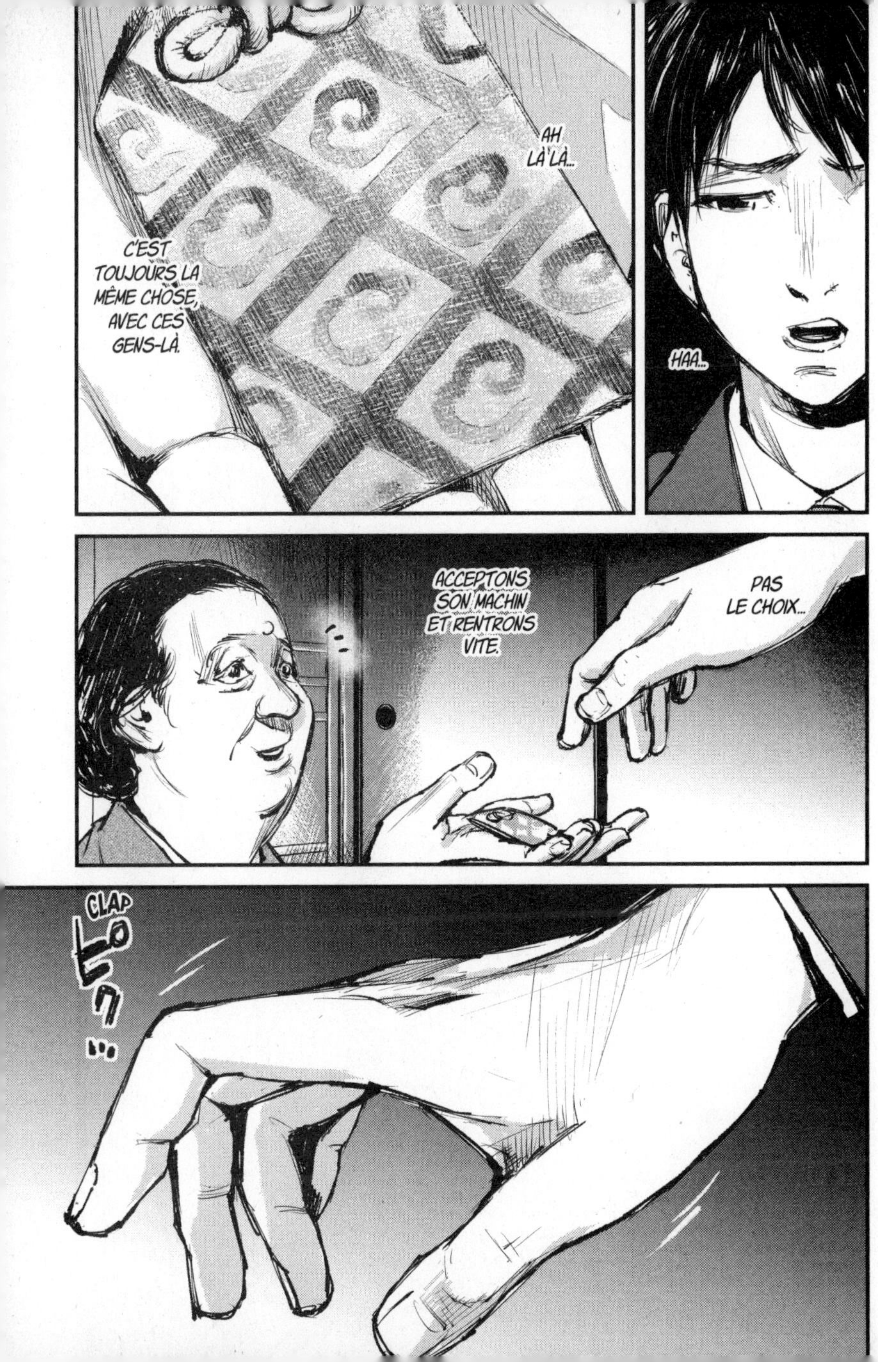
HAA...
AH LÀ LÀ...
C'EST TOUJOURS LA MÊME CHOSE, AVEC CES GENS-LÀ.
PAS LE CHOIX...
ACCEPTONS SON MACHIN ET RENTRONS VITE.
CLAP

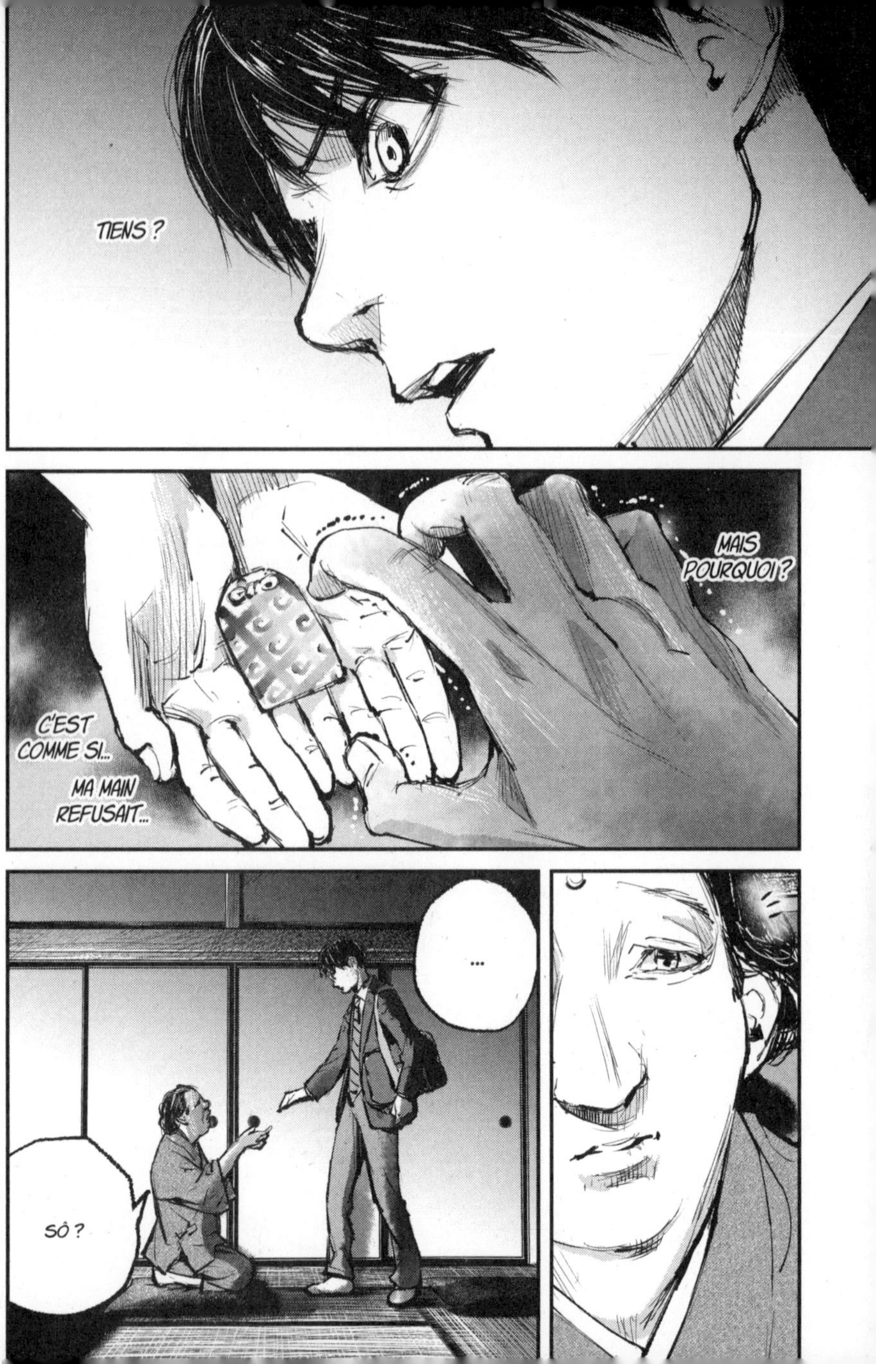
TIENS ?
MAIS POURQUOI ?
C'EST COMME SI...
MA MAIN REFUSAIT...
...
SÔ ?

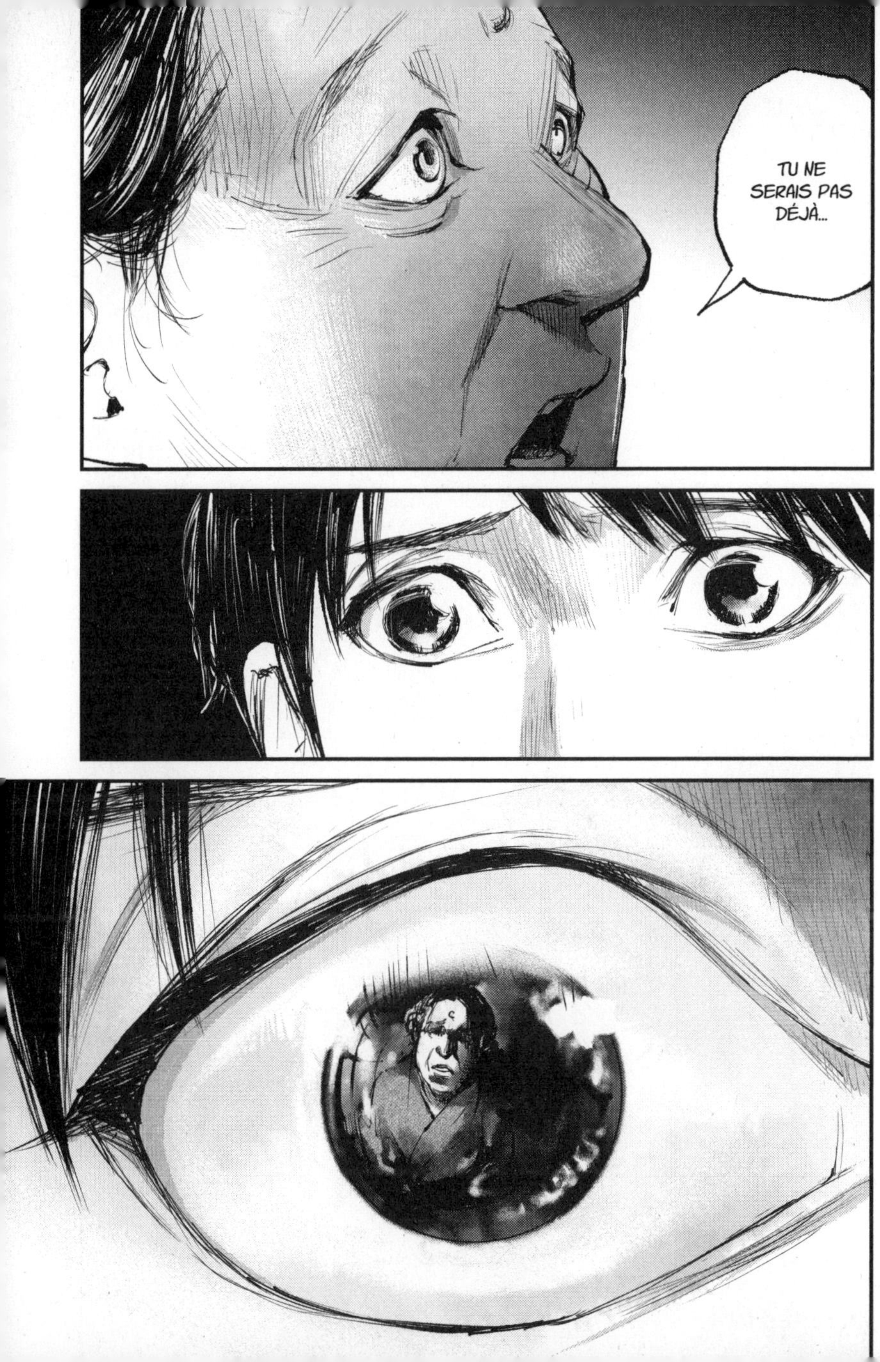
TU NE
SERAIS PAS
DÉJÀ...

QUI...
ES-TU ?
HEIN ?

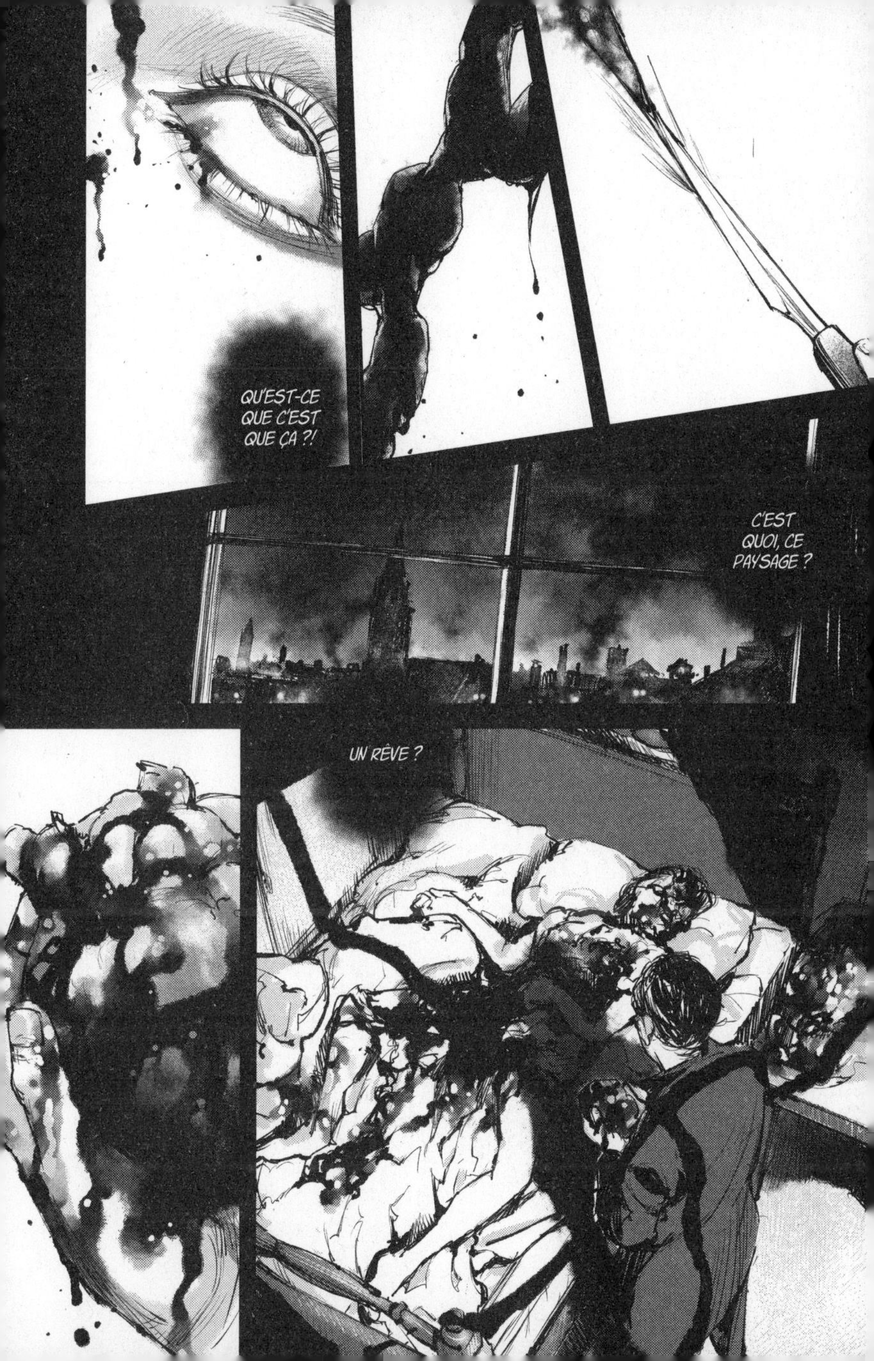
QU'EST-CE QUE C'EST QUE ÇA ?!
C'EST QUOI, CE PAYSAGE ?
UN RÊVE ?

OUAAAAAAH!

NE PERDS PAS TON SANG-FROID.
?!
HII...
DAM
DAM
HIII !
C'ÉTAIT LE COUTEAU DE CETTE MAISON, PERSONNE N'EN SAURA RIEN.
DAM
DAM
DADAM
CETTE FEMME ÉTAIT CÉLIBATAIRE.
PERSONNE NE VIENDRA ICI.

RASSURE-TOI, GAMIN.
IL N'Y A AUCUN TÉMOIN.
PSHAAAA
TU ÉTAIS SEUL.
LAVE-TOI BIEN LES MAINS DANS LA SALLE DE BAINS...
ET SORS TRANQUILLEMENT PAR LA PORTE DE DERRIÈRE.
PSHHH...

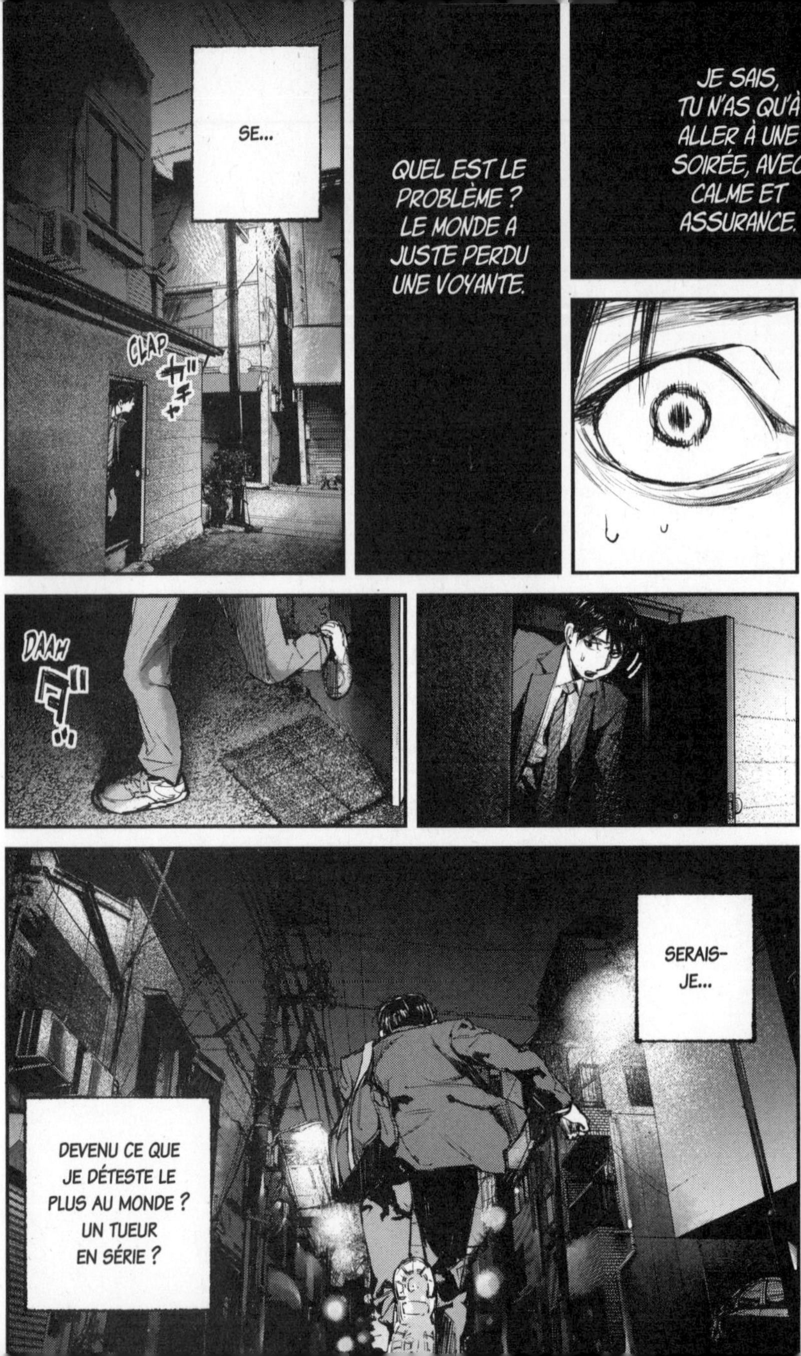
JE SAIS, TU N'AS QU'À ALLER À UNE SOIRÉE, AVEC CALME ET ASSURANCE.
QUEL EST LE PROBLÈME ? LE MONDE A JUSTE PERDU UNE VOYANTE.
SE...
CLAP
DAAH
SERAIS-JE...
DEVENU CE QUE JE DÉTESTE LE PLUS AU MONDE ? UN TUEUR EN SÉRIE ?

C'ÉTAIT MALHEUREU-SEMENT LE CAS.
EXP.014
Ô DÉFUNTS. VOUS QUI AVEZ ÉTÉ TÉMOINS DE L'APOCALYPSE. RELEVEZ-VOUS ET EXTERMINEZ.INCENDIEZ LE MONDE AVEC VOTRE MALÉDICTION.
CETTE ENVELOPPE M'ÉTAIT BIEN ADRESSÉE.
CHAPITRE 2
CE JOUR OÙ MA MÈRE A ÉTÉ ASSAS-SINÉE SOUS MES YEUX...
MON MONDE S'EST ÉCROULÉ.
LE MONDE ET LA PERSONNE QUE J'AVAIS ÉTÉ JUSQUE-LÀ AVAIENT DISPARU.

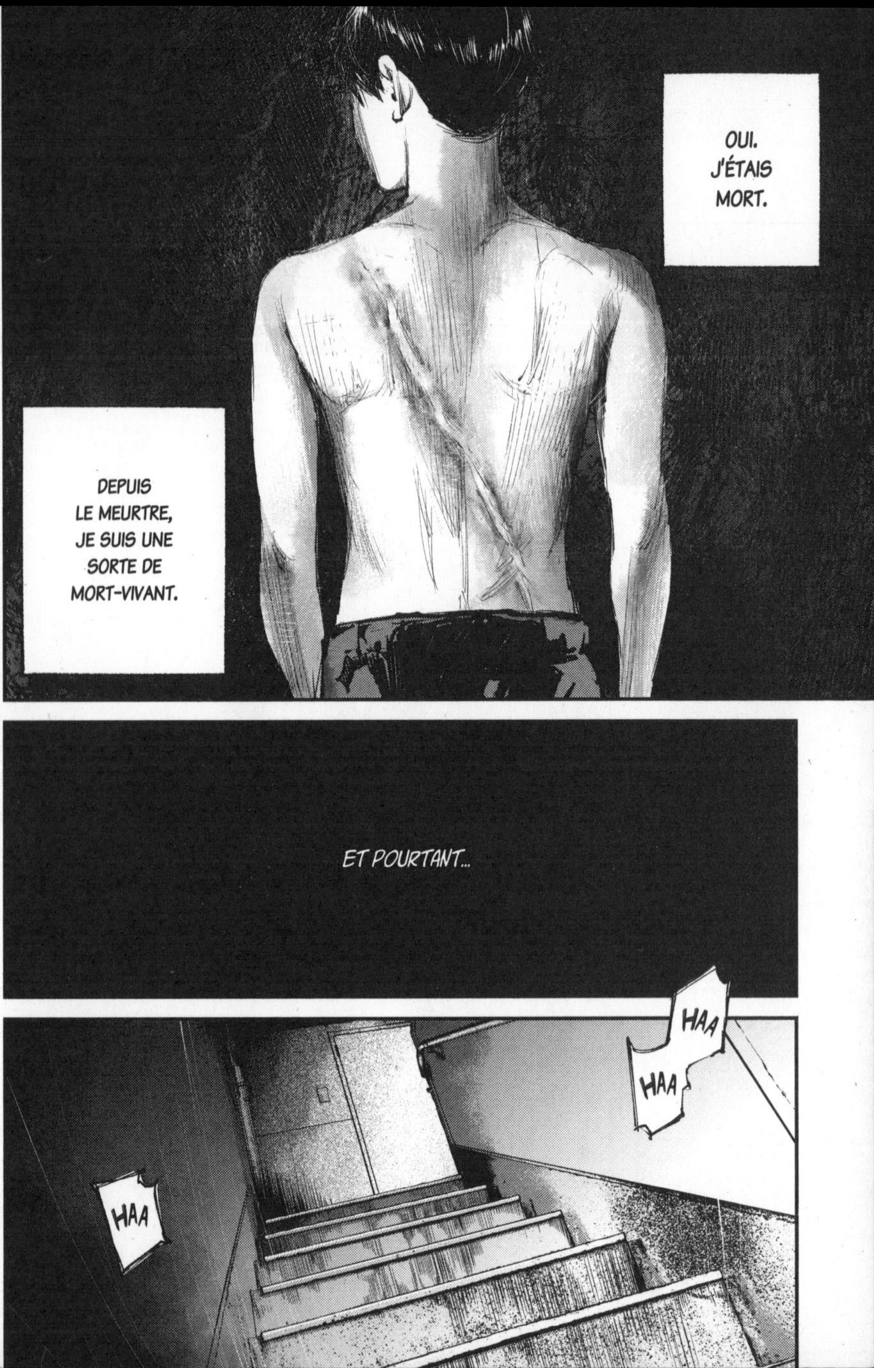
OUI. J'ÉTAIS MORT.
DEPUIS LE MEURTRE, JE SUIS UNE SORTE DE MORT-VIVANT.
ET POURTANT...
HAA
HAA
HAA

J'AI TUÉ !

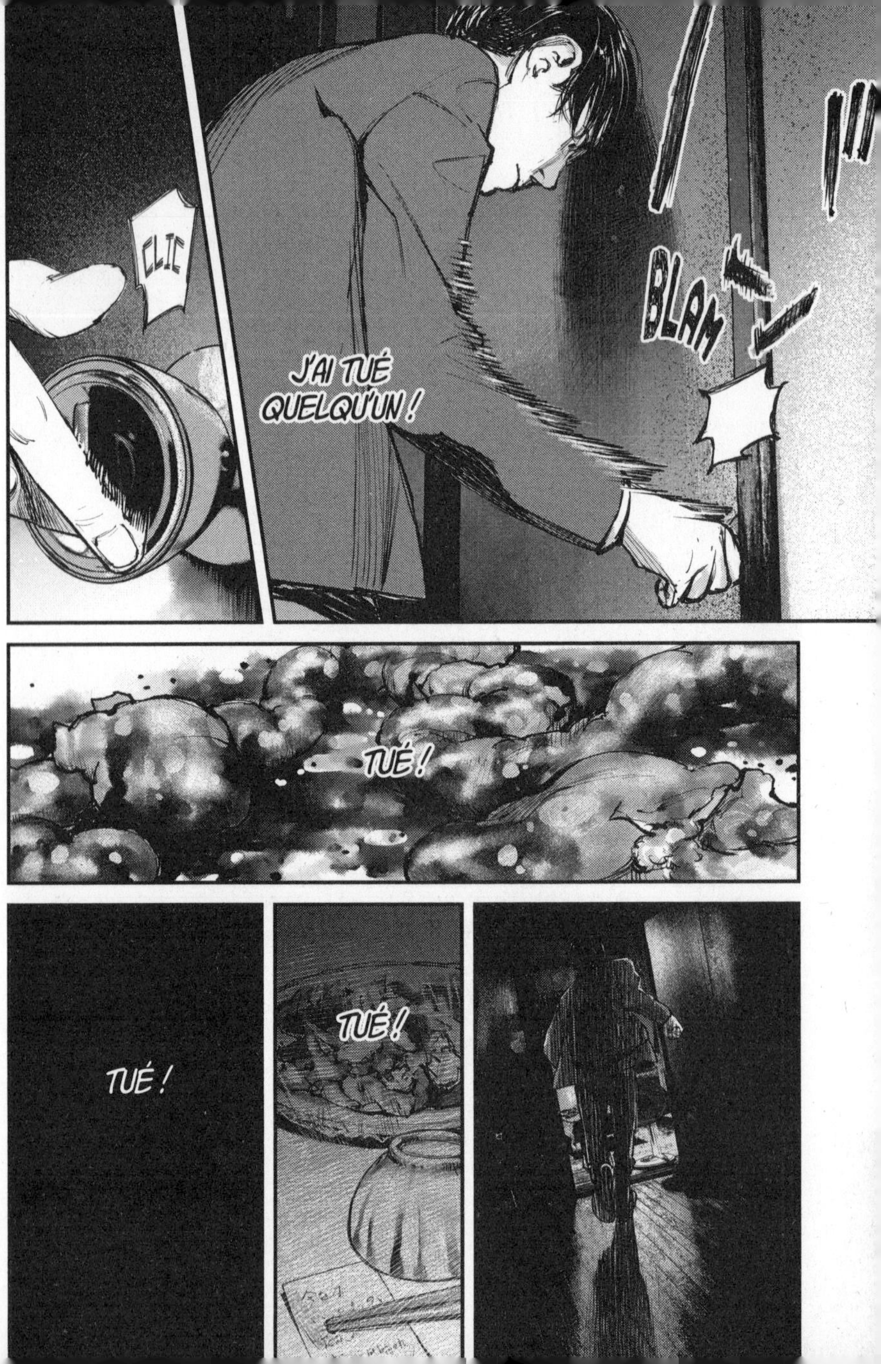
BLAM
J'AI TUÉ QUELQU'UN !
CLIC
TUÉ !
TUÉ !
TUÉ !

SNIF...
OUH...
OUH...
OUUUH...

AAAAAAAAAH!
BAM
FLAP
FLAP
BAM

JE DOIS ME RENDRE À LA POLICE !
MON AVENIR EN TANT QUE ROMANCIER EST TERMINÉ !
JE NE SUIS PLUS UN ÊTRE HUMAIN !
OUUH...

JE SUIS DE RETOUR.
TOUT VA BIEN, SÔ ?
?!
PAPA !
POURQUOI TU CRIES COMME ÇA ?
OUI, JE DOIS EN PARLER À MON PÈRE !
À MON PÈRE...
PARDON, PAPA...
MAIS...
J'ENTRE.
JE NE SAIS PAS...
COMMENT T'AVOUER ÇA !

N'INSISTE PAS SI C'EST TROP DUR.
T'AS TENDANCE À TROP T'INVESTIR DANS CE QUE TU FAIS.
PAPA...
JE...
GYOUH

CE N'EST RIEN.
JE FAISAIS SIMPLEMENT QUELQUES RECHERCHES.
FLAP
JE CROIS QUE JE FAIS UN PEU DE FIÈVRE. MIEUX VAUT QUE J'AILLE DORMIR.
NON...
TU NE MANGES PAS ?
ÇA IRA.
JE VEUX ME REPOSER ET ÊTRE EN FORME POUR L'ÉCOLE.
JE NE ME SOUVIENS DE RIEN.

QUAND J'Y RÉFLÉCHIS, C'EST QUAND MÊME ÉTRANGE.
J'AI ASSASSINÉ MAÎTRE HOKUTO...
ET JE NE ME RAPPELLE RIEN ? C'EST VRAIMENT BIZARRE...
C'EST UN PEU...
COMME SI, D'UN COUP, SON CADAVRE ÉTAIT APPARU À MES PIEDS.
JE DOIS ENQUÊTER.

LA POLICE PEUT ENCORE ATTENDRE.
ESSAYONS DE NOUS SOUVENIR DE TOUT CE QUI S'EST PASSÉ.
POURQUOI ?
JE ME SUIS TOUT DE SUITE LAVÉ LES MAINS, SANS ME POSER DE QUESTIONS.

J'AVAIS ALORS AGI AVEC LE PLUS GRAND CALME...
À QUOI PENSAIS-JE SUR LE MOMENT ?
LAVE-TOI LES MAINS DANS LA SALLE DE BAINS...
ET SORS TRANQUILLEMENT PAR LA PORTE DE DERRIÈRE.
QUI...
M'A DIT ÇA ?

BEN ALORS ?
D'HABITUDE, TU PROFITES TOUJOURS DE TON TEMPS LIBRE POUR ÉCRIRE.
GLOUP
ビクッ
C'EST PARCE QUE T'ARRIVES PAS À TE CONCENTRER EN CLASSE ?
AH, C'EST TOI...
AKAGI.
DIS DONC, T'ES BIEN SOMBRE, AUJOURD'HUI.
TU VEUX QUE JE T'AIDE POUR AVANCER DANS TON ROMAN ?

CLANG
DOM
QU...
QUOI ?!
INUTILE D'ESSAYER DE ME CACHER QUOI QUE CE SOIT, ON SE CONNAÎT DEPUIS TOUT PETIT.
C'EST TA BLESSURE AU DOS QUI TE FAIT MAL, C'EST ÇA ?
P...
PAS DU T...
MA QUESTION EST SÉRIEUSE.
RÉPONDS-Y AVEC LE MÊME SÉRIEUX.

C'EST PAS ÇA, JE TE DIS.
J'ÉTAIS JUSTE EN TRAIN DE CHERCHER UNE RÉPLIQUE SYMPA.
J'AI PEUT-ÊTRE TOUJOURS L'IMPRESSION D'ÉCRIRE SANS RÉFLÉCHIR, MAIS C'EST...
PARCE QU'À CÔTÉ DE ÇA, JE CONSACRE BEAUCOUP DE TEMPS À LA RÉFLEXION.
...
TANT MIEUX ALORS.
JE M'INQUIÈTE PARCE QUE JE SAIS TRÈS BIEN QUE TU PRÉFÈRES CACHER TES SOUCIS...
POUR T'ÉPARGNER L'INQUIÉTUDE DE TON ENTOURAGE.
...
MALHEUREUSEMENT POUR TOI, C'EST L'EFFET INVERSE QUE ÇA PRODUIT.
JE ME DEMANDE CE QU'AKAGI...
PENSERAIT DE MOI SI JE LUI AVOUAIS CE QUI S'EST PASSÉ HIER.

EST-CE QU'ELLE ME CROIRAIT ?
EST-CE QU'ELLE M'AIDERAIT À RÉSOUDRE CETTE ÉNIGME ?
AKAGI A TOUJOURS ÉTÉ À MES CÔTÉS DEPUIS TOUT PETIT...
MAIS EST-CE QU'ELLE ME PARDONNERAIT UN MEURTRE ?
J'AIMERAIS LUI POSER LA QUESTION...

?!
HEIN ?
MAIS...
QUOI ?
J'ARRIVE PAS...
À ÉCARTER MES YEUX DE LÀ.
C'EST MAUVAIS...
ELLE VA FINIR PAR S'EN APERCEVOIR !

ÇA T'INTÉRESSE TANT QUE ÇA ?
HEIN !?
CLAM

ALORS FAIS VITE...
RINCE-TOI L'ŒIL.
N'OUBLIE AUCUNE PARTIE !
TU AIMES TOUT SAVOIR, N'EST-CE PAS ?
TU VEUX MIEUX CONNAÎTRE LE CORPS DES FEMMES ?
SUR LE PLAN INTEL-LECTUEL ?
CLIP

SSH... ス
C'EST MON REIN. REGARDE...
SPLORTCH
ET VOICI MON FOIE.
QU'EST-CE QU'IL EST GROS ! J'EN AI UN PEU HONTE.

MA RATE...
MON UTÉRUS...
MON CŒUR...
TOI QUI AS ABASOURDI LE MONDE ENTIER, TU DOIS SAISIR OÙ JE VEUX EN VENIR.
ZOUH
PLOP
PLOP
"COMPRENDRE" L'ÊTRE HUMAIN, C'EST ÇA.
N'EST-CE PAS, JACK L'ÉVENTREUR ?

BON SANG !
JE ME SENS ATTIRÉ !
J'AI CHAUD...
MA GORGE...
S'ASSÈCHE...
PFF !...
PFF !...

BEN ALORS... ERIMINE !
POURQUOI TU FAIS CETTE TÊTE ?!

?!
AH !
EUH...
C'ÉTAIT QUOI...
À L'INSTANT ?!

NON...
C'EST PAS CE QUE TU CROIS...
JE...
RIEN DU TOUT.
HEIN ?
CLAM
QU'EST-CE QUI TE PREND...
TOUT À COUP ?
FRRT
FRRT

PARDON...
JE RENTRE.
QUOI ?
MAIS POURQUOI ?
ATTENDS !
EXPLIQUE-TOI, ERIMINE !

C'ÉTAIT QUOI, À L'INSTANT ?!
牛乳
C'ÉTAIT SI JOUISSIF !

VOIR AKAGI AINSI...
ÉTAIT...
SI EXCITANT !

ZAAH
HA HA HA
J'AI DÉJÀ LU ÇA DANS UN LIVRE...
APRÈS AVOIR SUBI UN TRAUMATISME ÉTANT JEUNE...
IL N'EST PAS RARE, EN GRANDISSANT, QUE LE STRESS TE POUSSE À LE REPRODUIRE.

C'EST PROBABLEMENT MON CAS ACTUELLEMENT.
LE TRAUMATISME DE CET INCIDENT PASSÉ...
A FAIT DE MOI UN MEURTRIER...
UN INDIVIDU TIRANT SATISFACTION DE LA CRUAUTÉ.
JE SUIS...
DEVENU UN MONSTRE.

JE DOIS MOURIR.
PARDON...
PAPA...
AKAGI ME L'A FAIT COMPRENDRE.

ET ALORS...
ZAAH
J'AI TUÉ...
MAÎTRE HOKUTO.
DOM
!

E...
EXCUSEZ-M...
通学路
DÉSOLÉ.

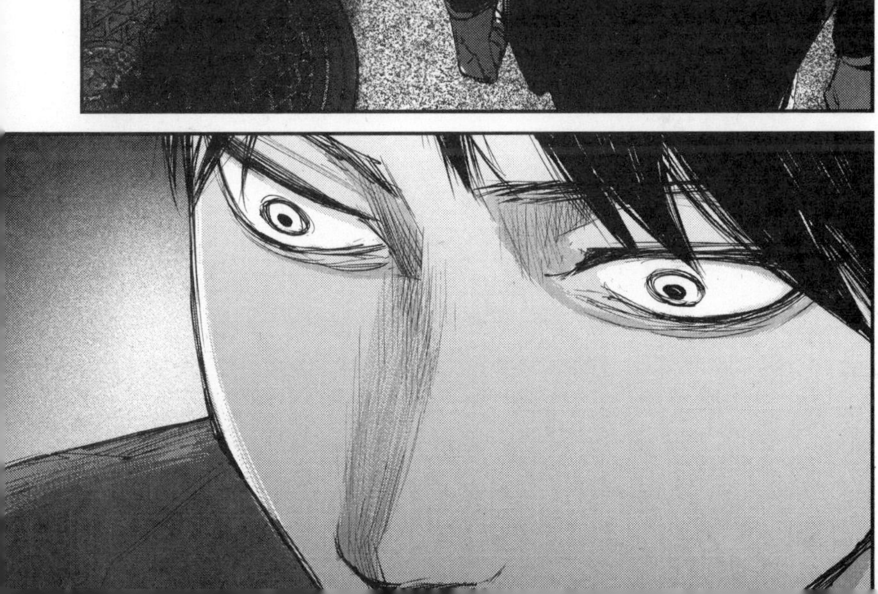

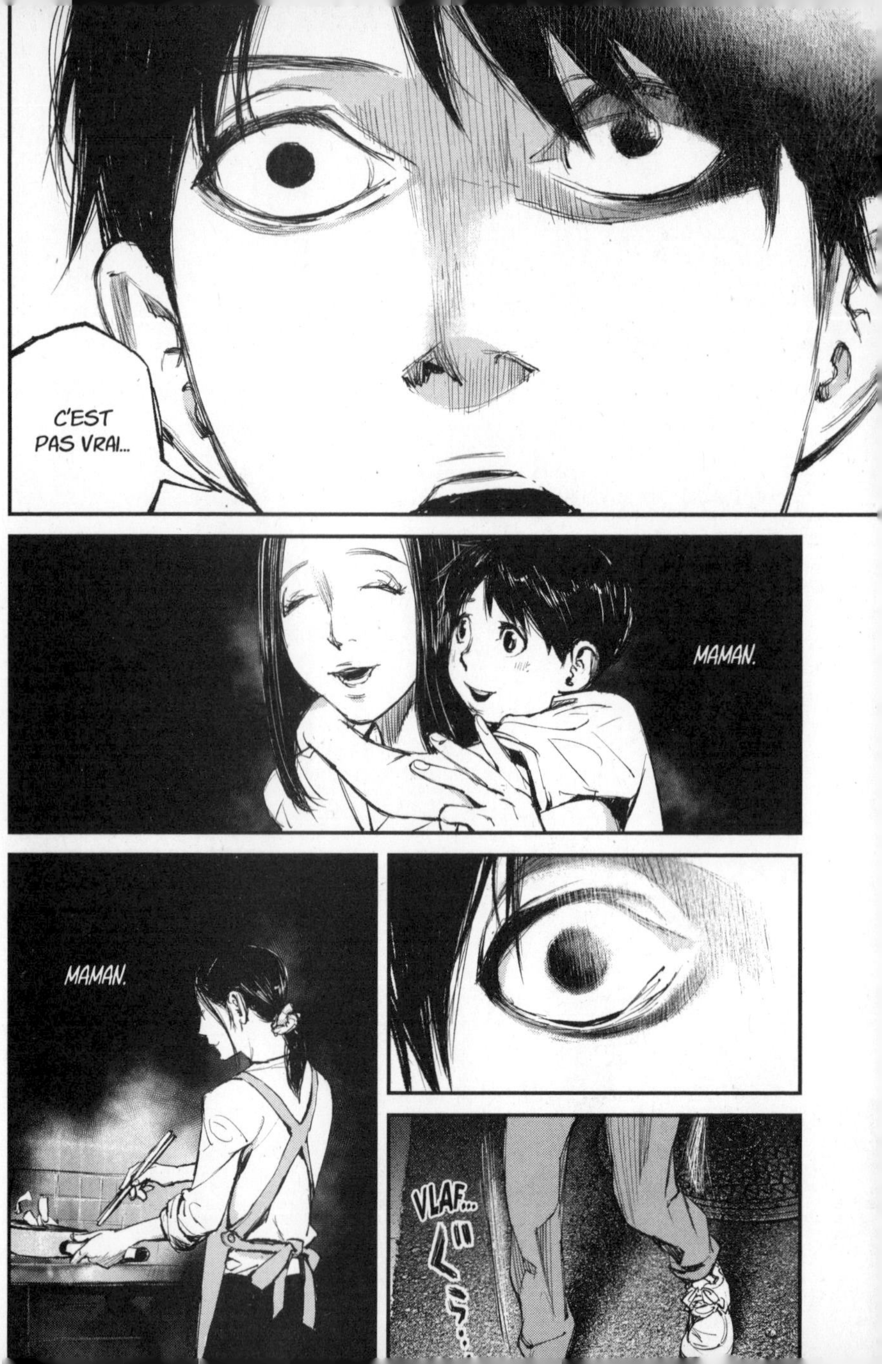
C'EST PAS VRAI...
MAMAN.
VLAF...
MAMAN.

DUM
ドッ
ピンポ!!ン
DING
DONG
HAA
HAA
TOP
TOP

ZAAH
JE T'AI RETROUVÉ.

CHAPITRE 3
UNE MAMAN EUT UN JOUR UN FILS HORS MARIAGE.
ELLE NE CONNAISSAIT PAS LE PÈRE.
COMME DE TELLES NAISSANCES ÉTAIENT CONSIDÉRÉES COMME IMMORALES À L'ÉPOQUE...
LES GRANDS-PARENTS, PRÉOCCUPÉS PAR LE REGARD DE LA SOCIÉTÉ SUR LEUR FAMILLE...
AVAIENT DÉCIDÉ D'ÉLEVER LE GARÇON COMME LEUR PROPRE ENFANT...
ET AVAIENT PRÉTENDU QUE LEUR FILLE ÉTAIT LA SŒUR DU GARÇON.
DÈS LE DÉPART, LA VIE DU PETIT GARÇON ÉTAIT DÉJÀ UN MENSONGE.

SON "PÈRE", C'EST-À-DIRE SON GRAND-PÈRE, ÉTAIT UN HOMME VIOLENT...
MAIS LE PETIT GARÇON LE RESPECTAIT BEAUCOUP ET S'ÉTAIT TRÈS ATTACHÉ À LUI.
À SES QUATRE ANS, CEPENDANT, SA MÈRE SE MARIA ET "ADOPTA" ALORS OFFICIELLEMENT SON FILS.
ON RACONTE QUE LE PETIT GARÇON EUT EXTRÊMEMENT DE MAL À S'INTÉGRER DANS SA NOUVELLE FAMILLE.

LE PETIT GARÇON GRANDIT...
ET ATTEIGNIT L'ÂGE DE S'INSCRIRE À L'UNIVERSITÉ.
IL RENCONTRA ALORS LA FEMME DE SA VIE.
CEPENDANT, À SES VINGT-DEUX ANS...
SA VIE PRIT UN MAUVAIS TOURNANT À LA SUITE D'UN INCIDENT.
LE TOUT PREMIER MENSONGE DE SON EXISTENCE...
CELUI QUE SES GRANDS-PARENTS LUI AVAIENT RÉSERVÉ POUR PRÉSERVER LES APPARENCES...
COMMENÇA À PRODUIRE SES PREMIERS EFFETS.

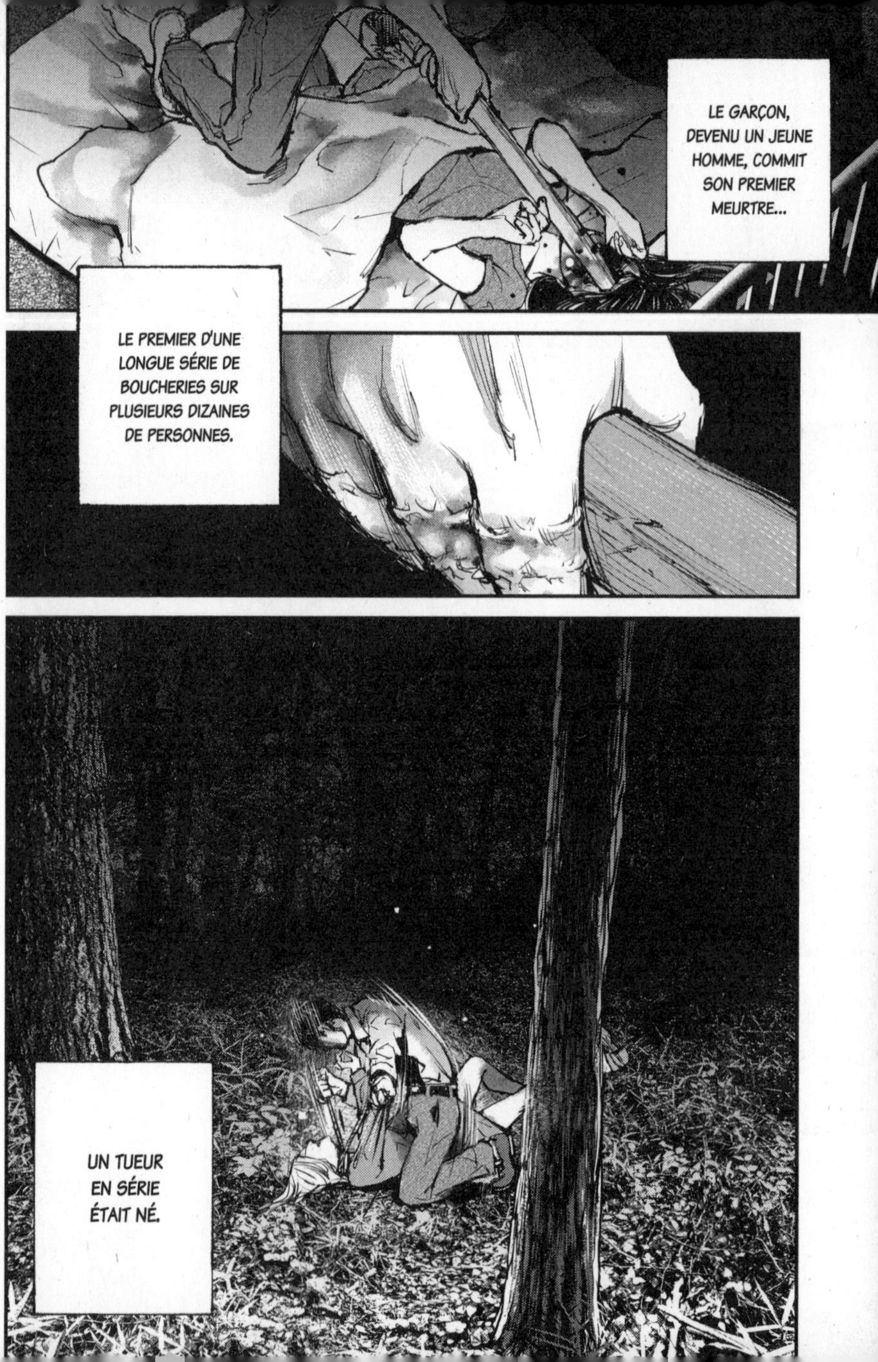
LE GARÇON, DEVENU UN JEUNE HOMME, COMMIT SON PREMIER MEURTRE...
LE PREMIER D'UNE LONGUE SÉRIE DE BOUCHERIES SUR PLUSIEURS DIZAINES DE PERSONNES.
UN TUEUR EN SÉRIE ÉTAIT NÉ.

JE T'AI RETROUVÉ...
CES DOIGTS MEURTRIS...
L'ASSASSIN DE MA MÈRE, CELUI QUI A BOUSILLÉ MA VIE ET CELLE DE MON PÈRE...
MARCHE À QUELQUES PAS DE MOI.

AAAAH
CLANG
AAAH
CLANG
AAAH
AAAH
CLANG
AAAH
AAAH
CLANG
AAAH
AAAH

... SSACRER.

JE VAIS...
TE MASSACRER !

ZAAH
J'AI TUÉ...
ZAAH
MAÎTRE HOKUTO. JE SUIS UN MEURTRIER.
JE DOIS MOURIR.
MAIS J'EMPORTERAI CE TYPE AVEC MOI !

TOP
TOP
...
C'EST TOUJOURS LA MÊME FILLE QUI MARCHE DEVANT LUI.
EST-CE UN HASARD S'ILS EMPRUNTENT LE MÊME CHEMIN ?
NON...
IL COMPTE LUI FAIRE QUELQUE CHOSE À COUP SÛR.

BON SANG !
ZAAH
C'EST EXACTEMENT CE QUE J'AI APPRIS À LEUR SUJET.
ILS NE PEUVENT JAMAIS S'ARRÊTER DE COMMETTRE DES CRIMES.
ARRÊ...
TENEZ...
VOUS AVEZ FAIT TOMBER ÇA.

AH !
OUAH !
MERCI BEAUCOUP !
OUF, C'ÉTAIT BIEN LE VÔTRE.
FAITES ATTENTION À VOUS.

IL JOUE LES BONS BOUGRES...
ALORS QUE C'EST UNE MACHINE À TUER.

ピタ
TAP
QU'Y A-T-IL ?
IL S'EST ARRÊTÉ BRUSQUEMENT.
キョロ
VLOF
キョロ
VLOF
?
キィ…
CRII…

CLAM
IL EST ENTRÉ !
BAM
SERAIT-CE...
LÀ QU'IL HABITE ?
BANDÔ

PAPAAA ! ENFIN RENTRÉ !
SALUT !
BONSOIR CHÉRI.
BEN ALORS ?
ET LA PRINCESSE DEKOKESHI, PAPA ?

Welcome
TU M'AVAIS PROMIS DE L'ACHETER !
DIS DONC, MISAKI.
PAPA VIENT À PEINE DE RENTRER DU TRAVAIL !
C'EST PAS TES AFFAIRES, MAMAN !
C'ÉTAIT NOTRE PROMESSE, À MOI ET PAPA !
HA ! HA ! HA !
T'INQUIÈTE, JE NE L'AI PAS OUBLIÉE.
J'AI UNE IDÉE.
FERME LES YEUX ET COMPTE.
VRAIMENT ?
TU LES ROUVRIRAS QUAND JE TE DIRAI STOP.
UN...
DEUX...

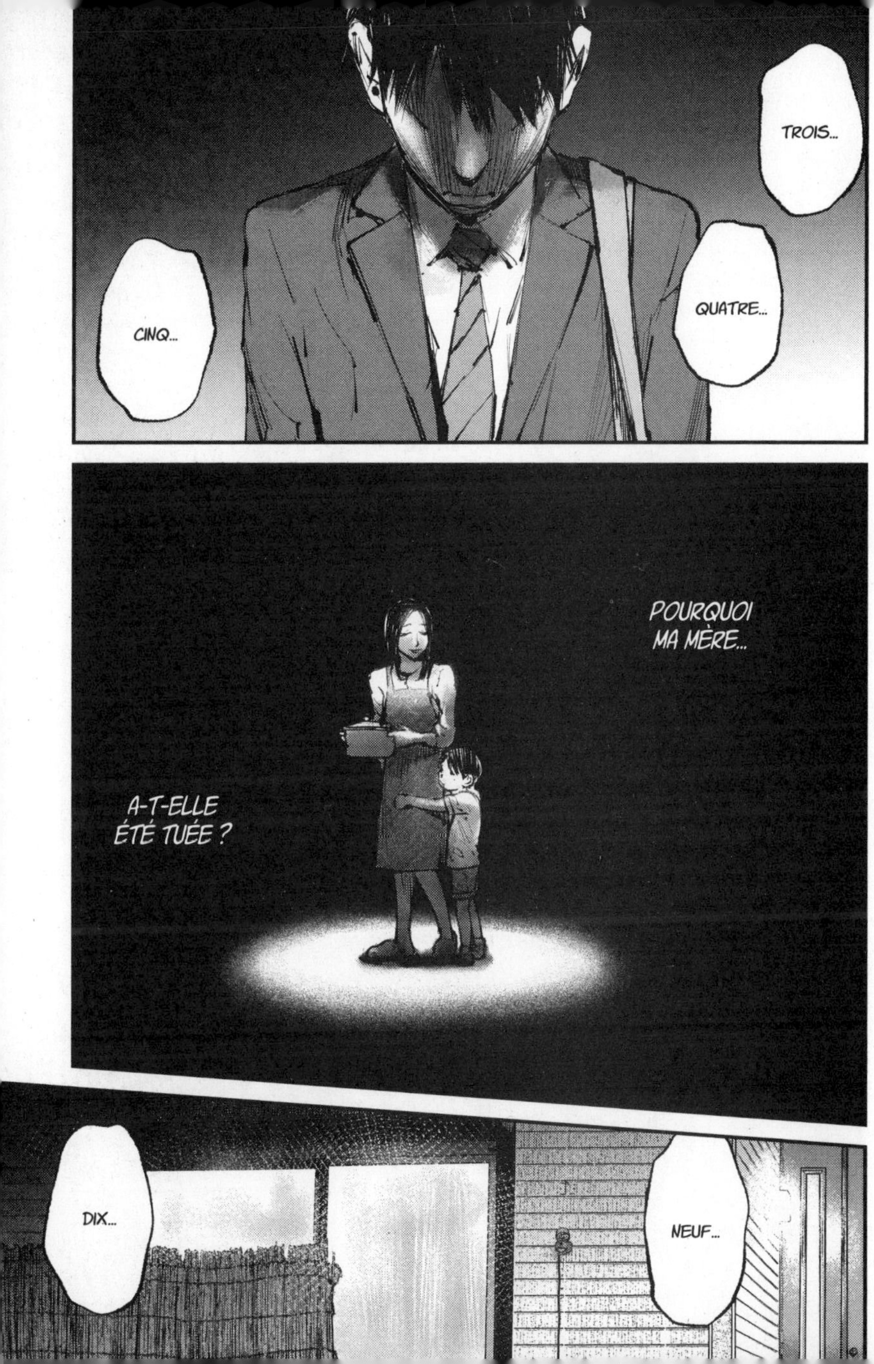
TROIS...
QUATRE...
CINQ...
POURQUOI MA MÈRE...
A-T-ELLE ÉTÉ TUÉE ?
NEUF...
DIX...

POURQUOI LUI A-T-IL LE DROIT DE VIVRE UNE VIE NORMALE ?

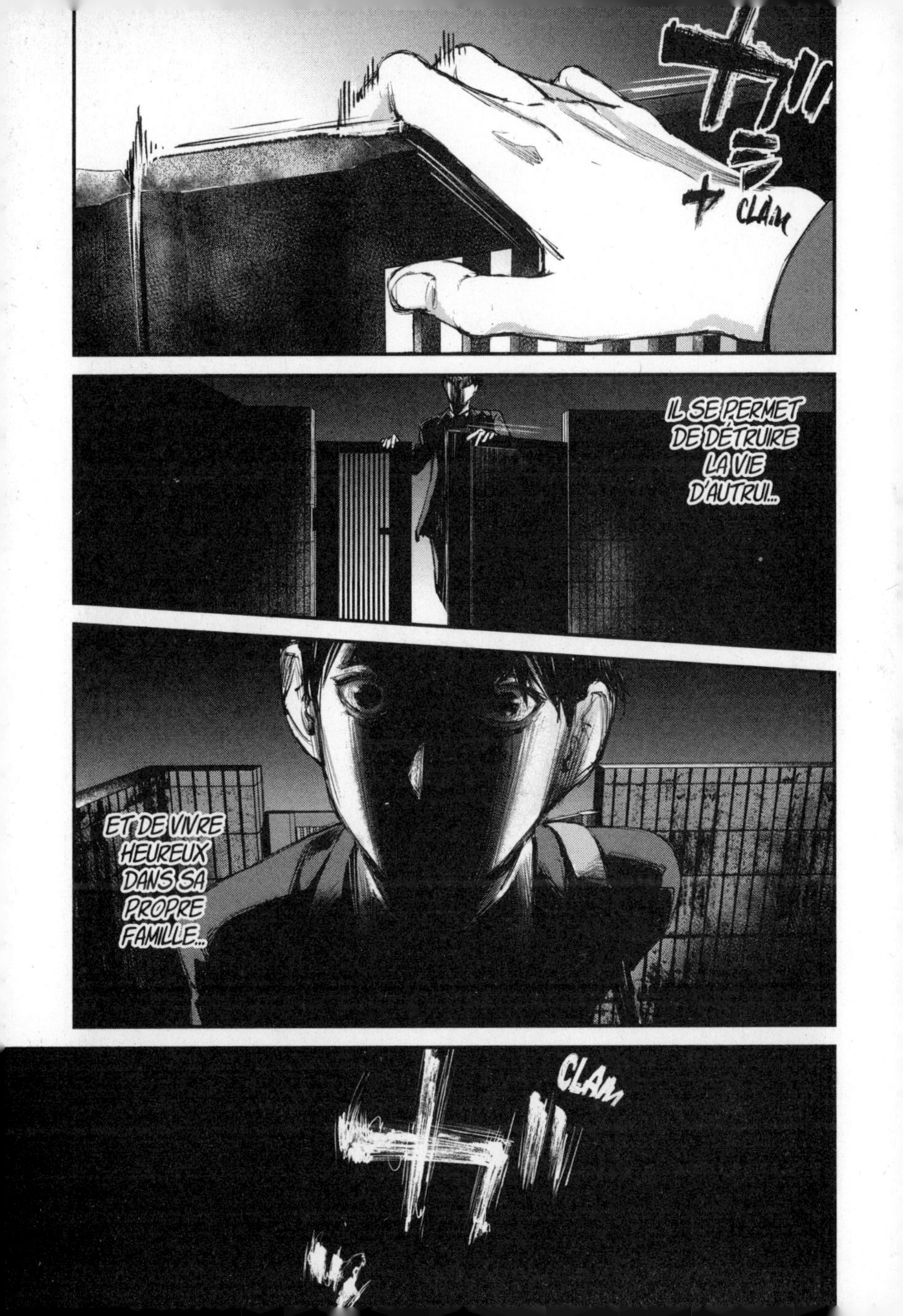
CLAM
IL SE PERMET DE DÉTRUIRE LA VIE D'AUTRUI...
ET DE VIVRE HEUREUX DANS SA PROPRE FAMILLE...
CLAM

...
...
GYOUH
GIIH...
KOF !
TOUJOURS PAS, PAPA ?
JE SUIS FATIGUÉE, MOI !

ENCORE UN TOUT PETIT PEU.
SOIS PATIENTE !
101...
102...
CLAC
103...

110...
111...
3322-0000
3322-0000
町通り
新田4-21
112...

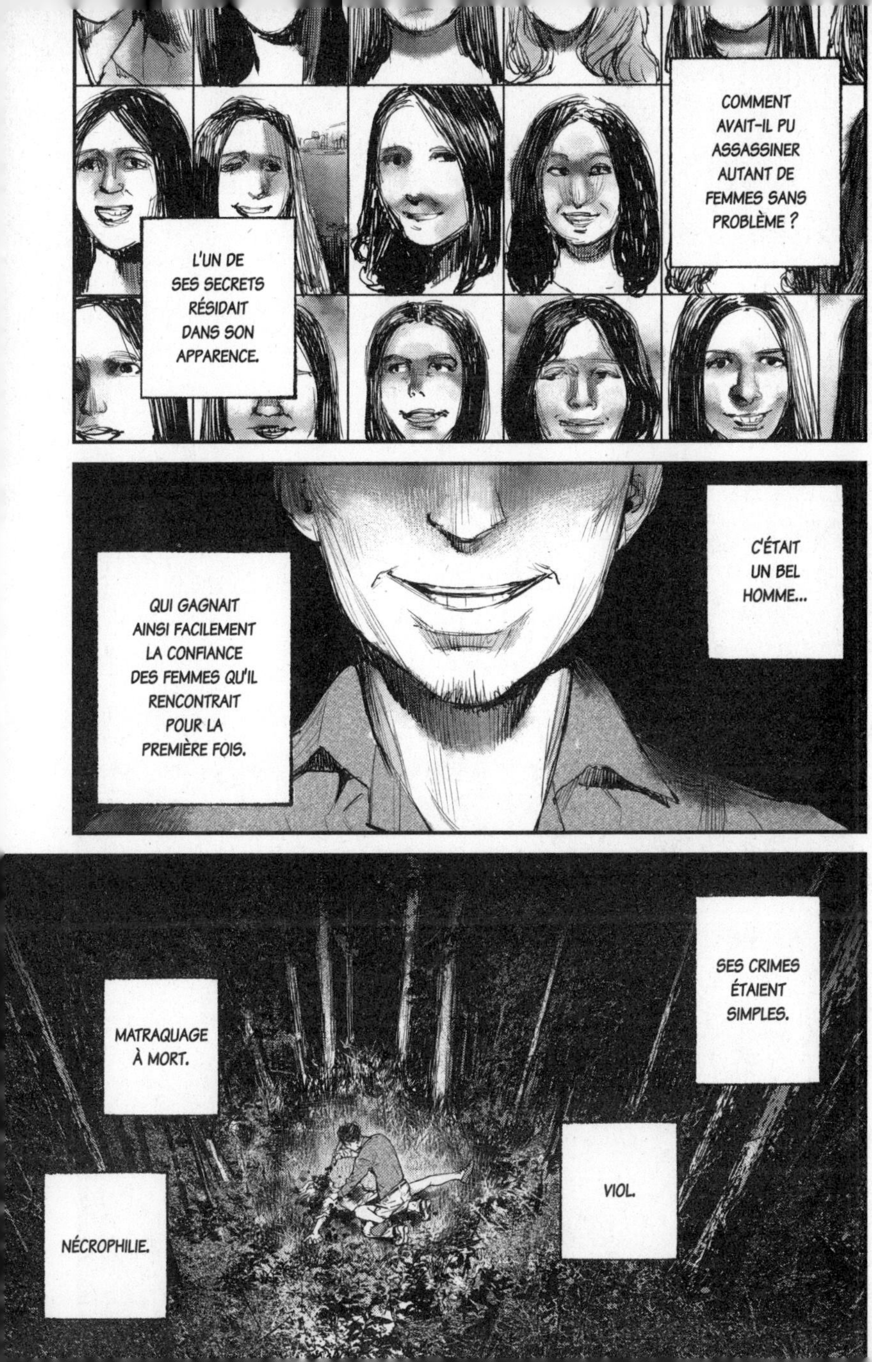
COMMENT AVAIT-IL PU ASSASSINER AUTANT DE FEMMES SANS PROBLÈME ?
L'UN DE SES SECRETS RÉSIDAIT DANS SON APPARENCE.
C'ÉTAIT UN BEL HOMME...
QUI GAGNAIT AINSI FACILEMENT LA CONFIANCE DES FEMMES QU'IL RENCONTRAIT POUR LA PREMIÈRE FOIS.
SES CRIMES ÉTAIENT SIMPLES.
MATRAQUAGE À MORT.
VIOL.
NÉCROPHILIE.

POUR COURONNER LE TOUT, IL AVAIT RAMENÉ...
DANS SON REPAIRE LES TÊTES D'AU MOINS...
DOUZE FEMMES PARMI CELLES QU'IL AVAIT ASSASSINÉES.

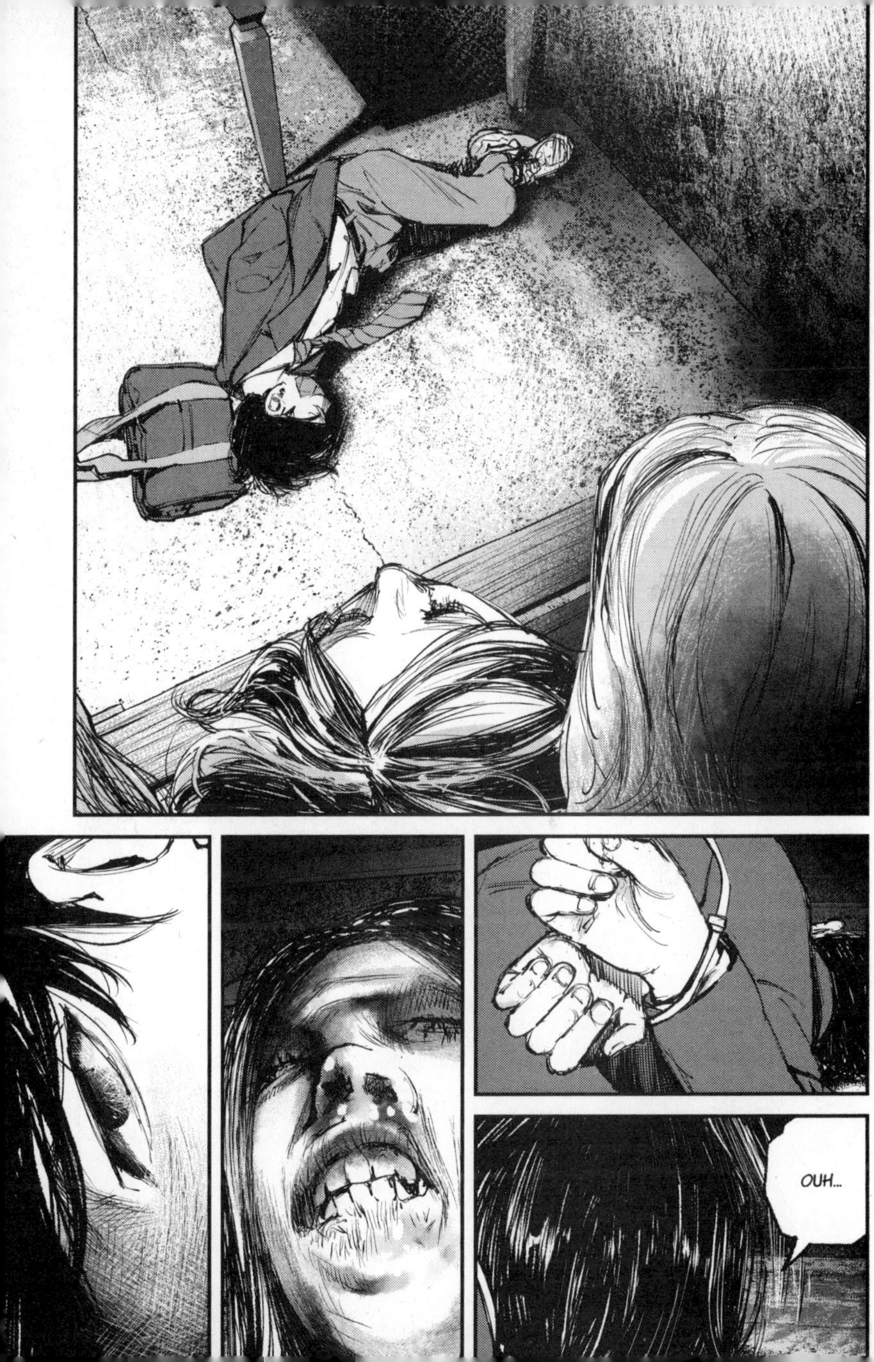
OUH...

HUMMM...
MMMH!

OÙ...
OÙ SUIS-JE ?!
PUTAIN !
POURQUOI SUIS-JE LIGOTÉ ?!
MAIS OUI !
C'EST L'AUTRE !
JE LE SUIVAIS...
ET ALORS...
GOUUH
JE DOIS FUIR...

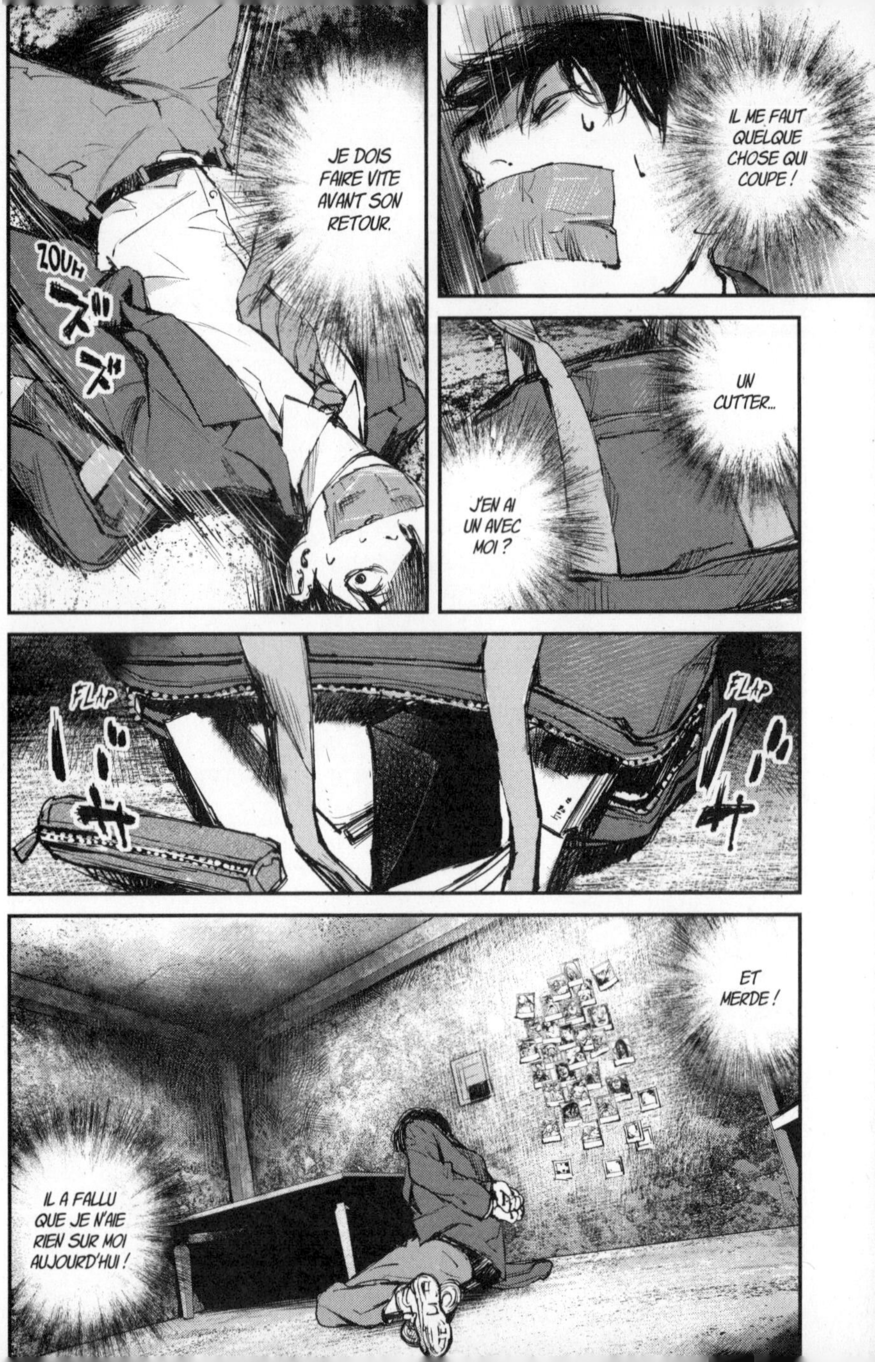
IL ME FAUT QUELQUE CHOSE QUI COUPE !
UN CUTTER...
J'EN AI UN AVEC MOI ?
ZOUH
JE DOIS FAIRE VITE AVANT SON RETOUR.
FLAP
FLAP
ET MERDE !
IL A FALLU QUE JE N'AIE RIEN SUR MOI AUJOURD'HUI !

EXP.004
Ô DÉFUNTS.
VOUS QUI AVEZ ÉTÉ TÉMOINS
DE L'APOCALYPSE.
RELEVEZ-VOUS ET
EXTERMINEZ.INCENDIEZ
LE MONDE AVEC VOTRE
MALÉDICTION.
TIENS ?
CETTE ENVELOPPE...

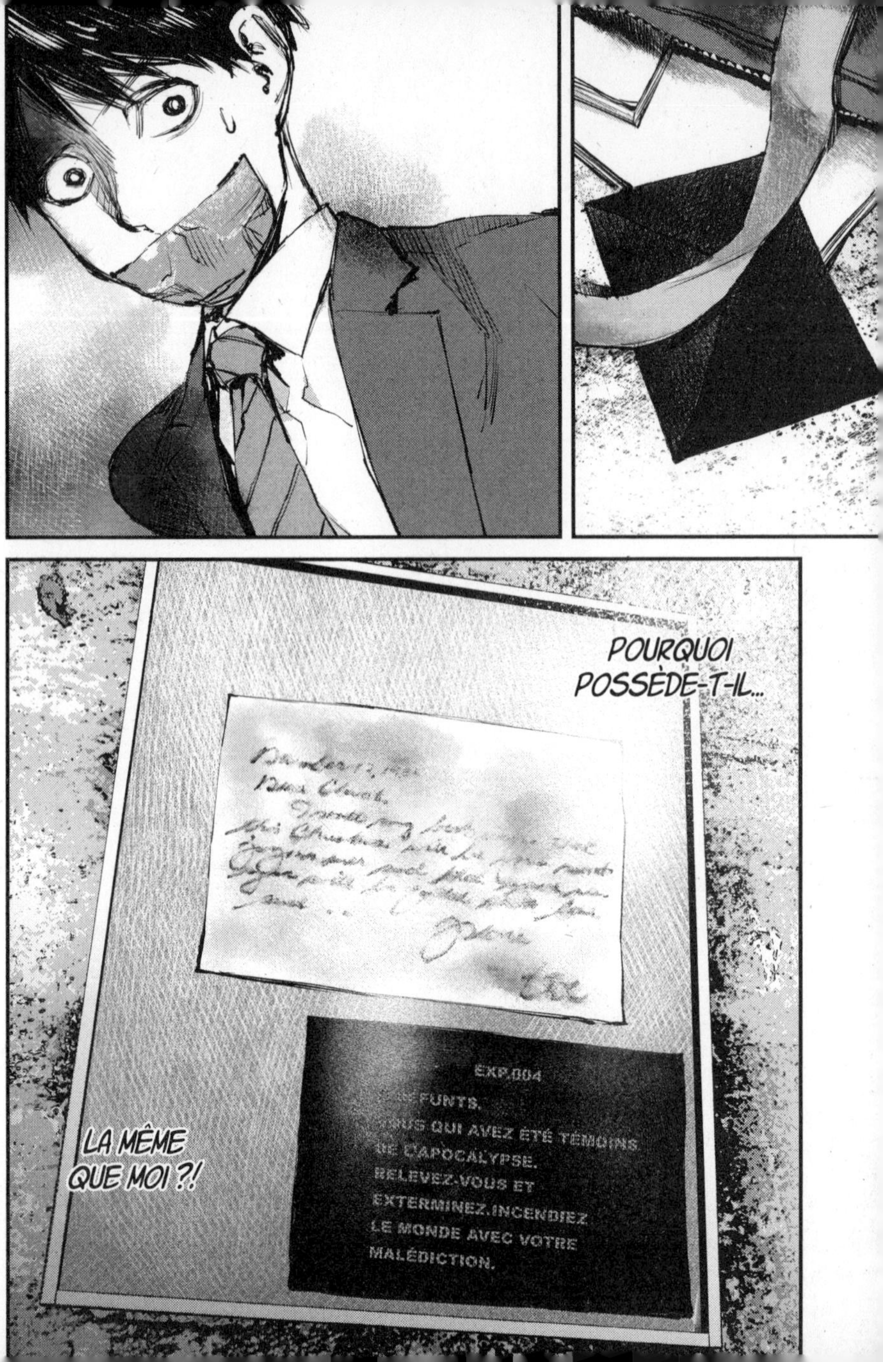
POURQUOI POSSÈDE-T-IL...
EXP.004
FUNTS.
QUI AVEZ ÉTÉ TÉMOINS
APOCALYPSE.
RELEVEZ-VOUS ET
EXTERMINEZ.INCENDIEZ
LE MONDE AVEC VOTRE
MALÉDICTION.
LA MÊME QUE MOI ?!

REGARDE, MISAKI...
TU TE SOUVIENS DE LA STATION BALNÉAIRE DE SHIURA ?
TU AVAIS EU BEAUCOUP DE MAL À TE BAIGNER TELLEMENT TU AVAIS PEUR.
À L'HEURE DE RENTRER, ON AVAIT À PEINE RÉUSSI À TE FAIRE METTRE LES PIEDS DANS L'EAU.
CHAPITRE 4
HÉ, HÉ... TU N'AVAIS ENCORE QUE CINQ ANS À CETTE ÉPOQUE-LÀ.
JE N'AI PLUS PEUR !
JE SAIS MÊME NAGER !
DITES ! ÇA NE VOUS DIRAIT PAS D'ALLER À OKINAWA, LA PROCHAINE FOIS ?
TU PENSES POUVOIR PRENDRE QUELQUES VACANCES, CHÉRI ?

LE PONT À LA FIN DU MOIS, ÇA VOUS DIT ?
GÉNIAL !
IL VA FALLOIR QU'ON AILLE T'ACHETER UN NOUVEAU MAILLOT DE BAIN, MISAKI !
MOI, J'AIMERAIS SURTOUT VISITER LES PÂTISSERIES D'OKINAWA !

CLAP
ALLEZ, MISAKI, APPROCHE-TOI DE TA MÈRE.
ROOH...
J'AI ENCORE DE LA VAISSELLE À FAIRE, MOI.
ATTEN-TION...
CHEESE !
FLASH

VITE !
FRRT
JE DOIS FINIR AVANT SON RETOUR !
FRRT
FRRT
JE DOIS ME LIBÉRER DE MES LIENS AVANT !
FRRT
...
BON SANG !

CE SONT SES
SOUVENIRS.

LES SERIALS KILLERS.
DES TUEURS EN SÉRIE AGISSANT POUR LE PLAISIR.
IL ARRIVE PARFOIS QU'ILS CONSERVENT DES MORCEAUX DU CORPS DE LEUR VICTIME...
OU QU'ILS NE LIBÈRENT PAS LEUR PROIE APRÈS SA MORT POUR SE REMÉMORER...
LES SOUVENIRS DU MEURTRE, AFIN DE REVIVRE SANS CESSE LEUR FORFAIT...

ET S'ADONNER AUX PLAISIRS DU CRIME.
CES GENS-LÀ RESTENT ENFERMÉS LE PLUS LONGTEMPS POSSIBLE DANS LEUR CAGE DE PERVERSION.
MA MÈRE...
EST-ELLE DEDANS ?

VLAF
TOP
TOP
PFF
PFF
PFF
PFF
TOP
MINCE !
TOP
PFF

DOM
CRRT
CRRT
CRRT
CRRT
CRRT
LA RACLURE !

FLAP
FLAP
VOILÀ CE QUE J'EN FAIS !
BLOM
BLING

JE LE
TUERAI.
JE LE
JURE !

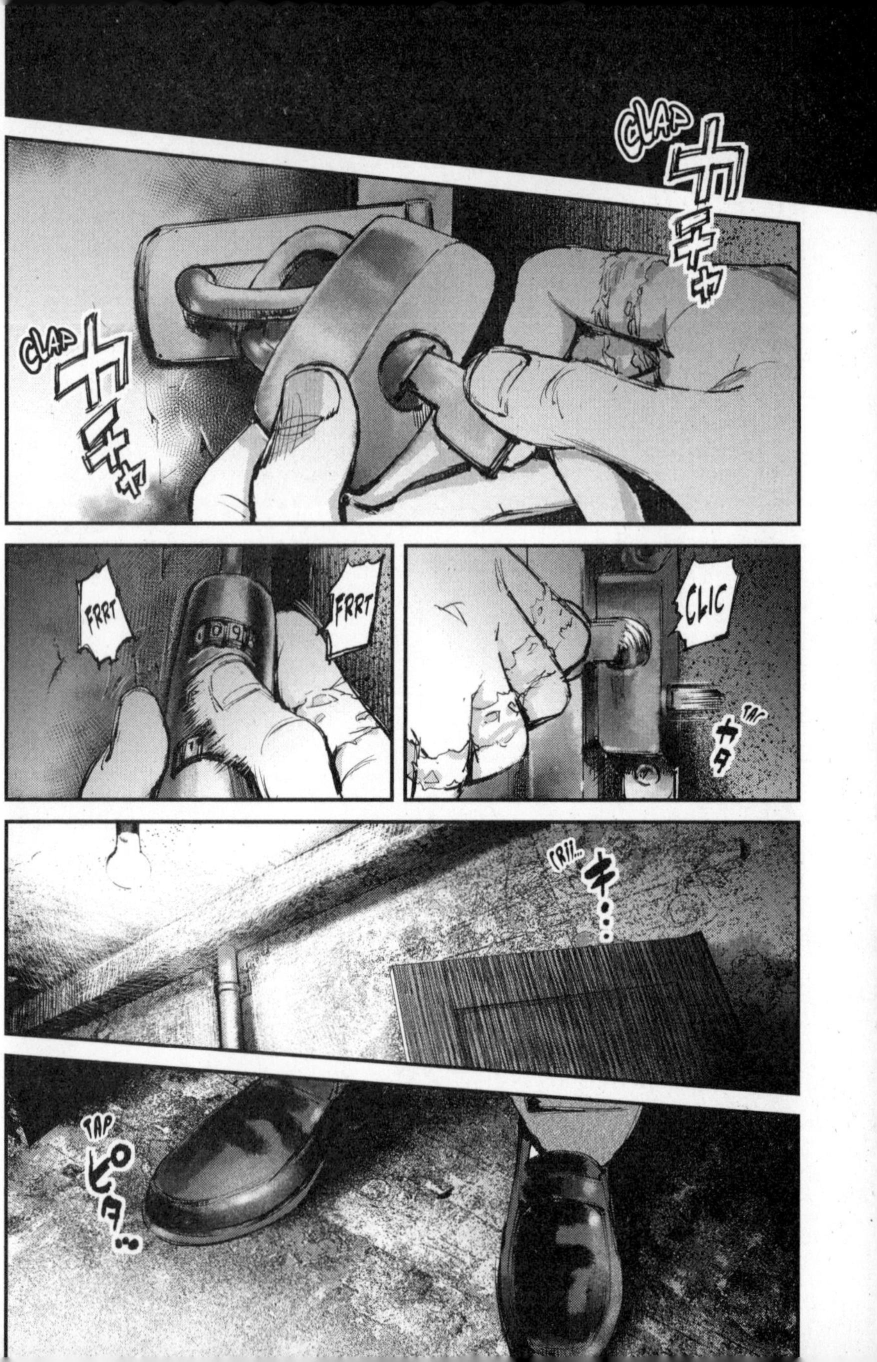
CLAP
カチャ
CLAP
カチャ
CLIC
TAP
カタ
FRRT
FRRT
CRII...
キ・・・
TAP
ピタ..

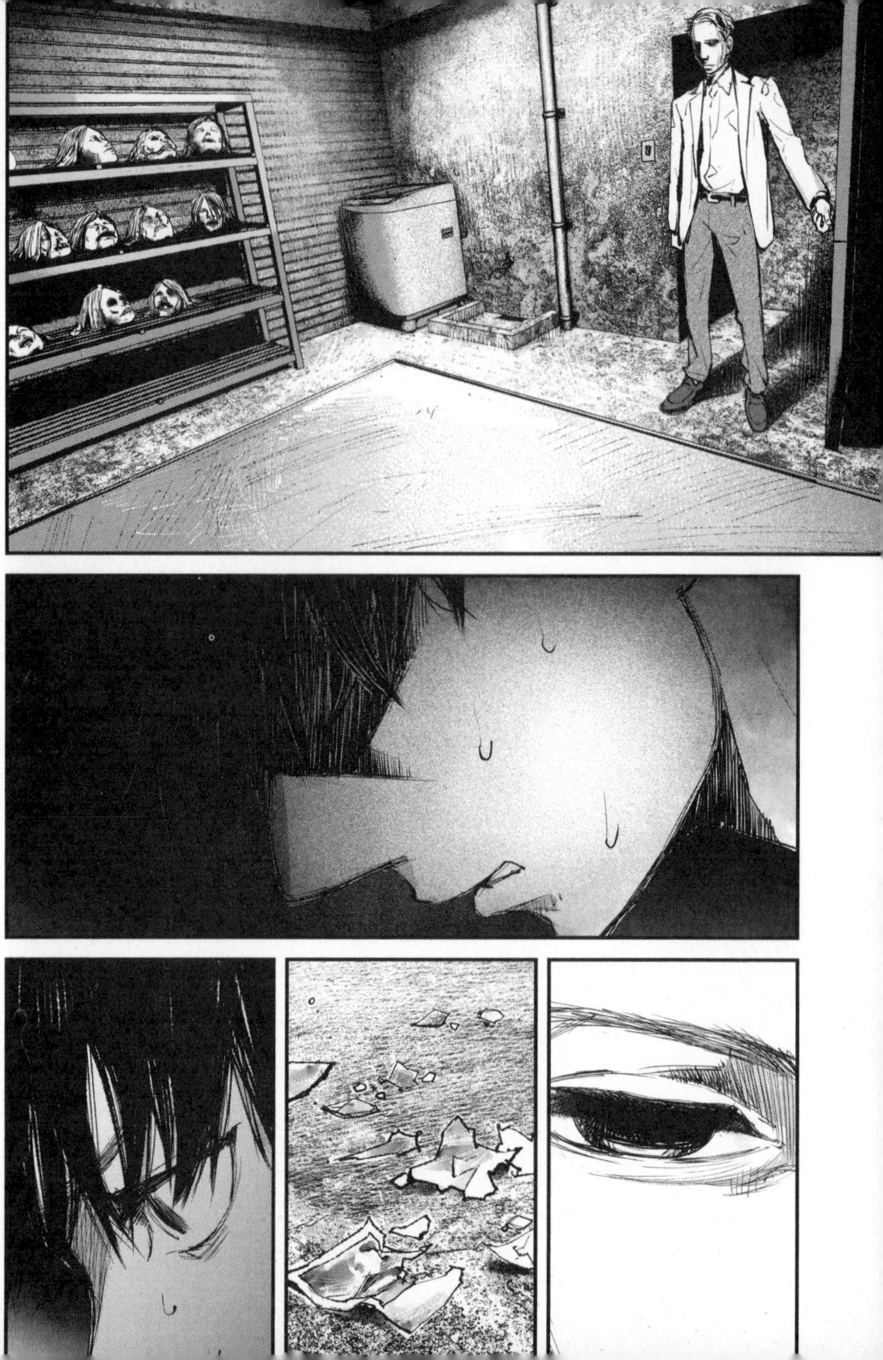

FAIS ENCORE UN PAS, MON GARS...
ET JE TE DÉZINGUE LA CAROTIDE AVEC CE BOUT DE VERRE !

GYOUH
BEN QU'EST-CE QU'IL FOUT ?
ALLEZ, AVANCE !
DOM
HEIN ?

...
HII !
CLAM

AAARGH !
CLAP
!
CLAM
GNNH
MER...

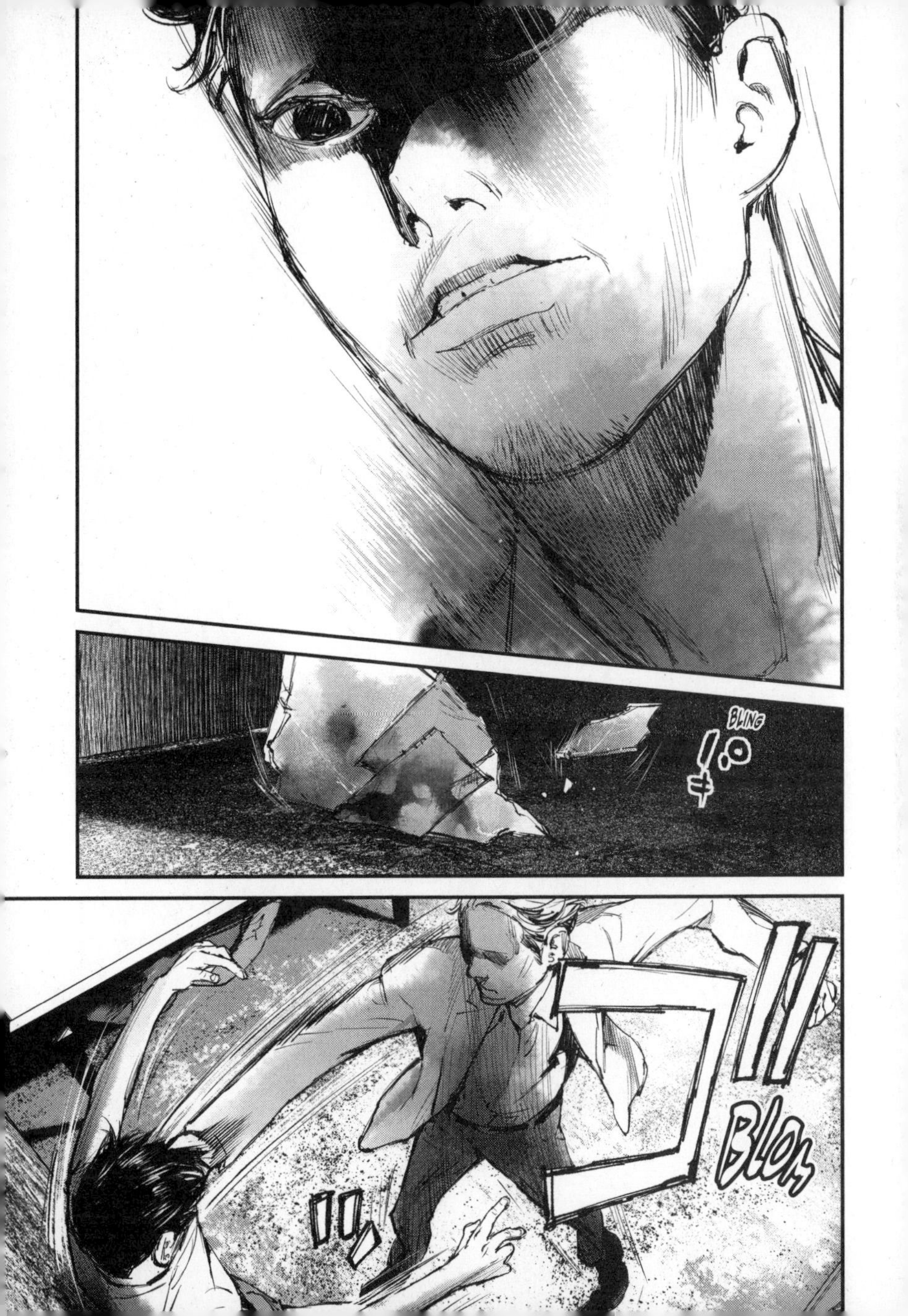
BLING

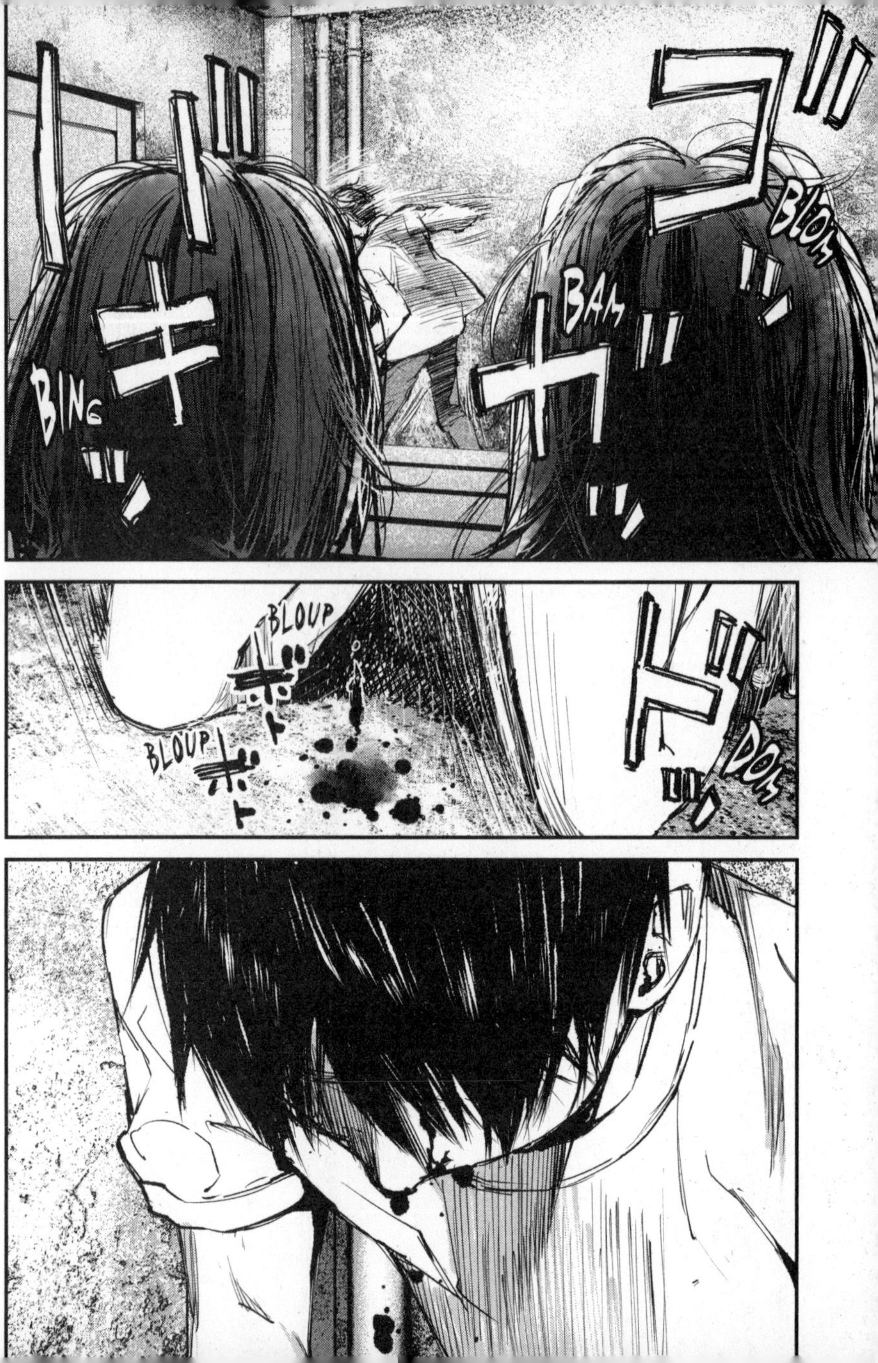
BLOM
BAM
BING
DOM
BLOUP
BLOUP

JE VAIS LE TUER...
LE MASSACRER...
LE BOUT DE VERRE...
BLOUP
OÙ EST-CE QU'IL EST ?!
JE POURRAIS ME CRÉER UNE OUVERTURE EN LE PLANTANT AVEC...
BLAM

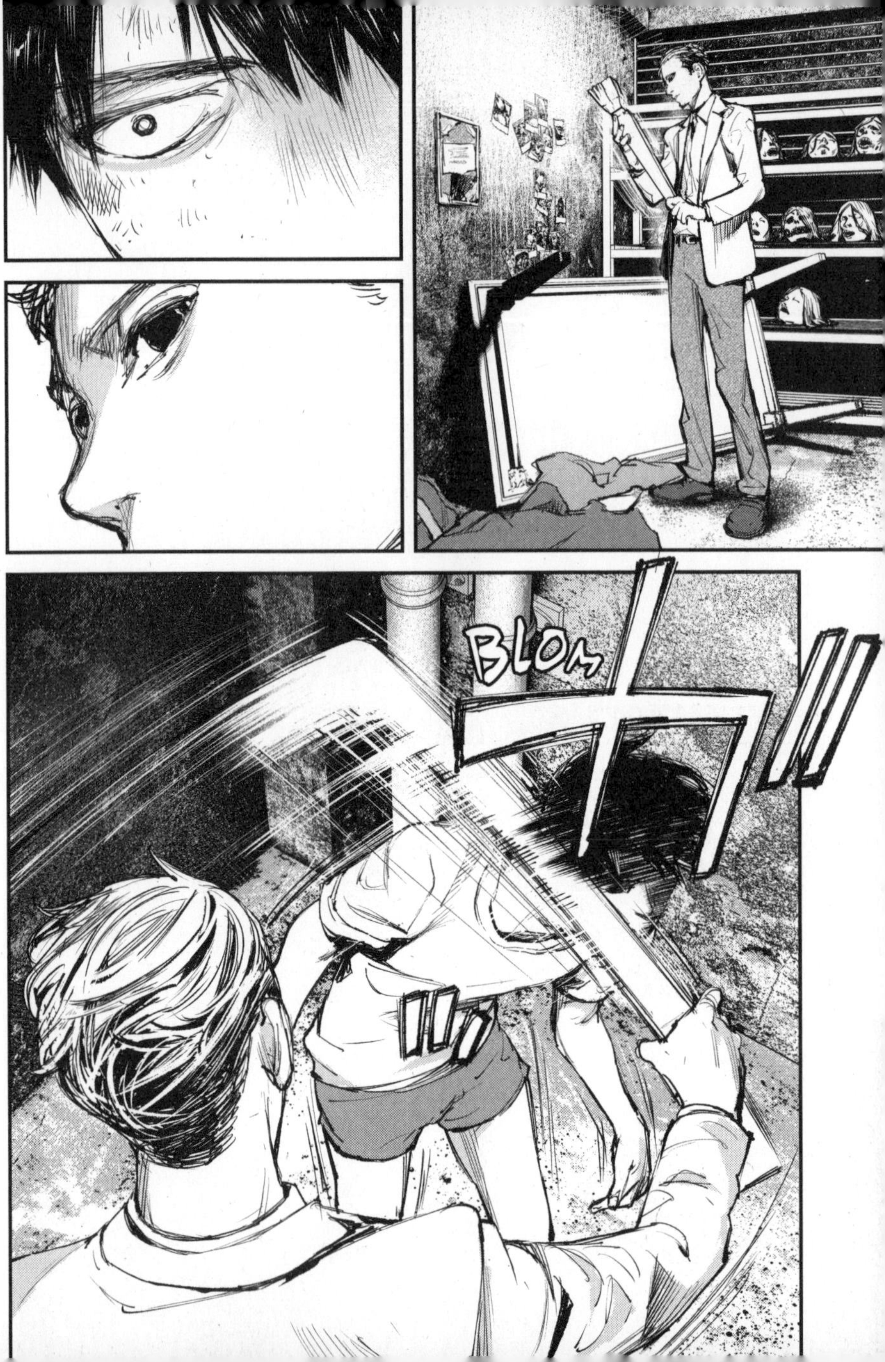
BLOM

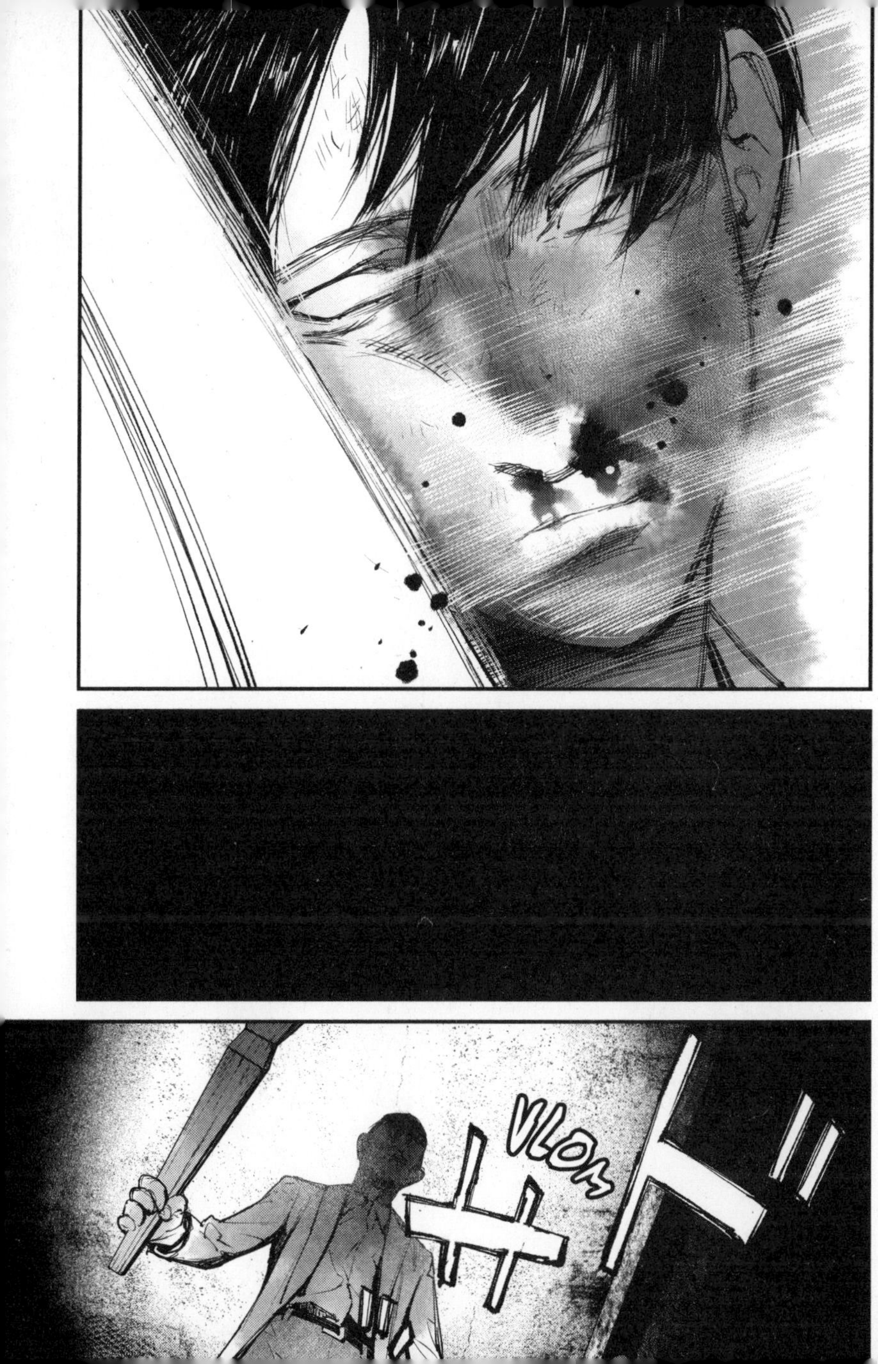
VLOM

...
JE LE SAVAIS.
VOUS N'ÊTES TOUS QUE DES ÊTRES FAIBLES, EN RÉALITÉ.

"TOUS" ?
J'AI TRÈS LONGUEMENT ENQUÊTÉ SUR LES TYPES COMME TOI.
DEPUIS DIX ANS, MAINTENANT. DEPUIS QUE TU AS TUÉ MA MÈRE.
VOUS N'ÊTES QUE DES FAIBLARDS.
DES MECS TOURMENTÉS CHERCHANT À COMPENSER...
LEUR MANQUE DE RECONNAISSANCE DE LA PART DU MONDE QUI LES ENTOURE EN AGRESSANT LES AUTRES.

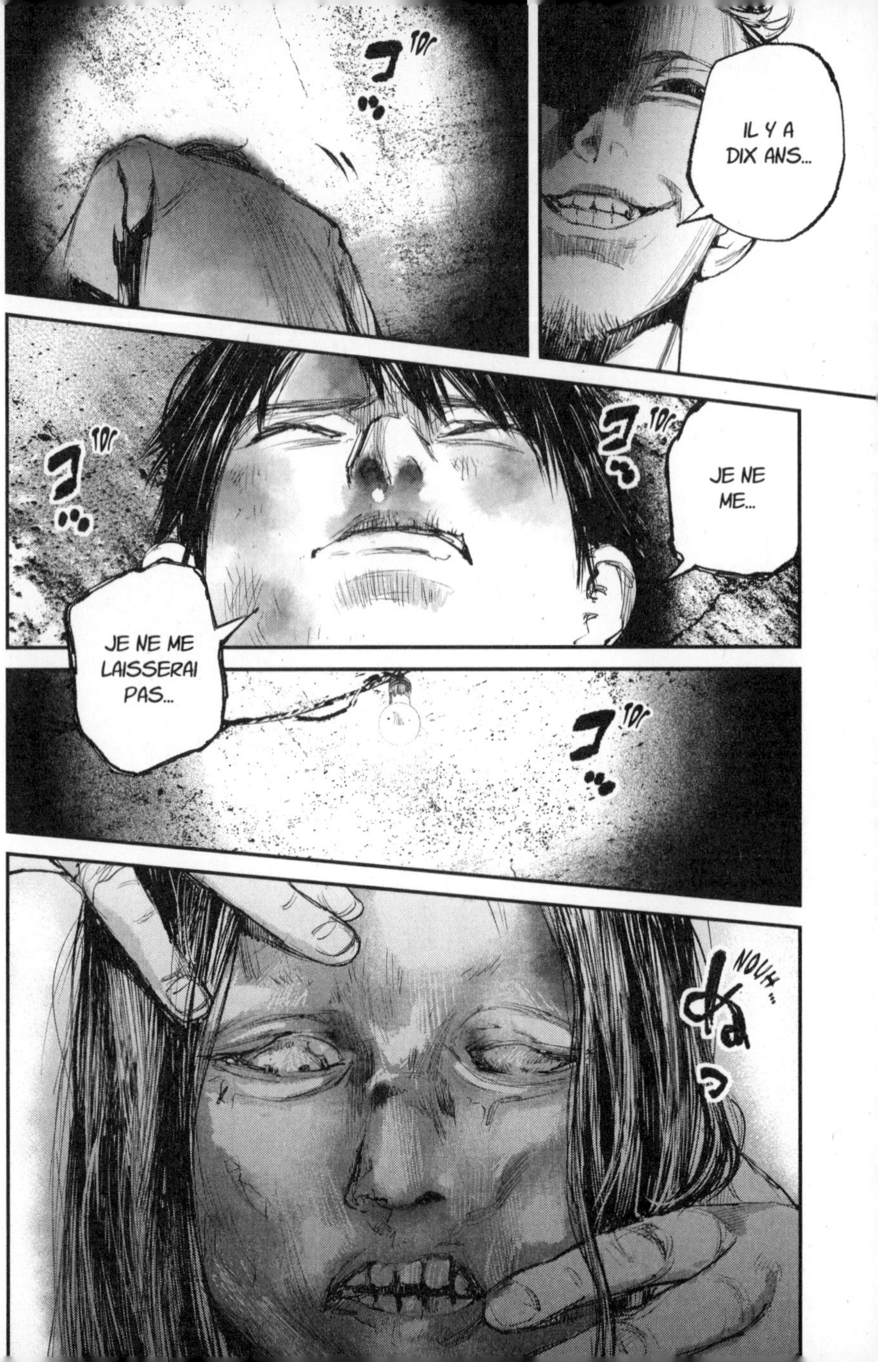

IL Y A DIX ANS...
TOC
JE NE ME...
TOC
JE NE ME LAISSERAI PAS...
TOC
NOUH...

SI C'ÉTAIT IL Y A DIX ANS...
ÇA DOIT ÊTRE CELLE-LÀ.
TU ES DONC...
LE JEUNE GARÇON D'ALORS.

À L'ÉPOQUE, JE VENAIS À PEINE D'ARRIVER DANS LA RÉGION ET JE NE CONNAISSAIS PAS BIEN LE TERRAIN.
J'AVAIS BEAUCOUP DE MAL À "CHASSER".
VOILÀ POURQUOI J'AI ENCORE BEAUCOUP DE SOUVENIRS DE CETTE JOLIE "RÉCOLTE".
JE L'AI UTILISÉE À PLUSIEURS REPRISES.

PUISQUE TU AS ENQUÊTÉ SUR NOUS, TU DOIS DEVINER QUELLE UTILISATION J'EN AI FAITE, NON ?
CROC
REGARDE...
TU L'ENFONCES ICI.
IL FAUT CONNAÎTRE LE TRUC, MAIS T'ARRIVES AINSI À LE FAIRE TAIRE.

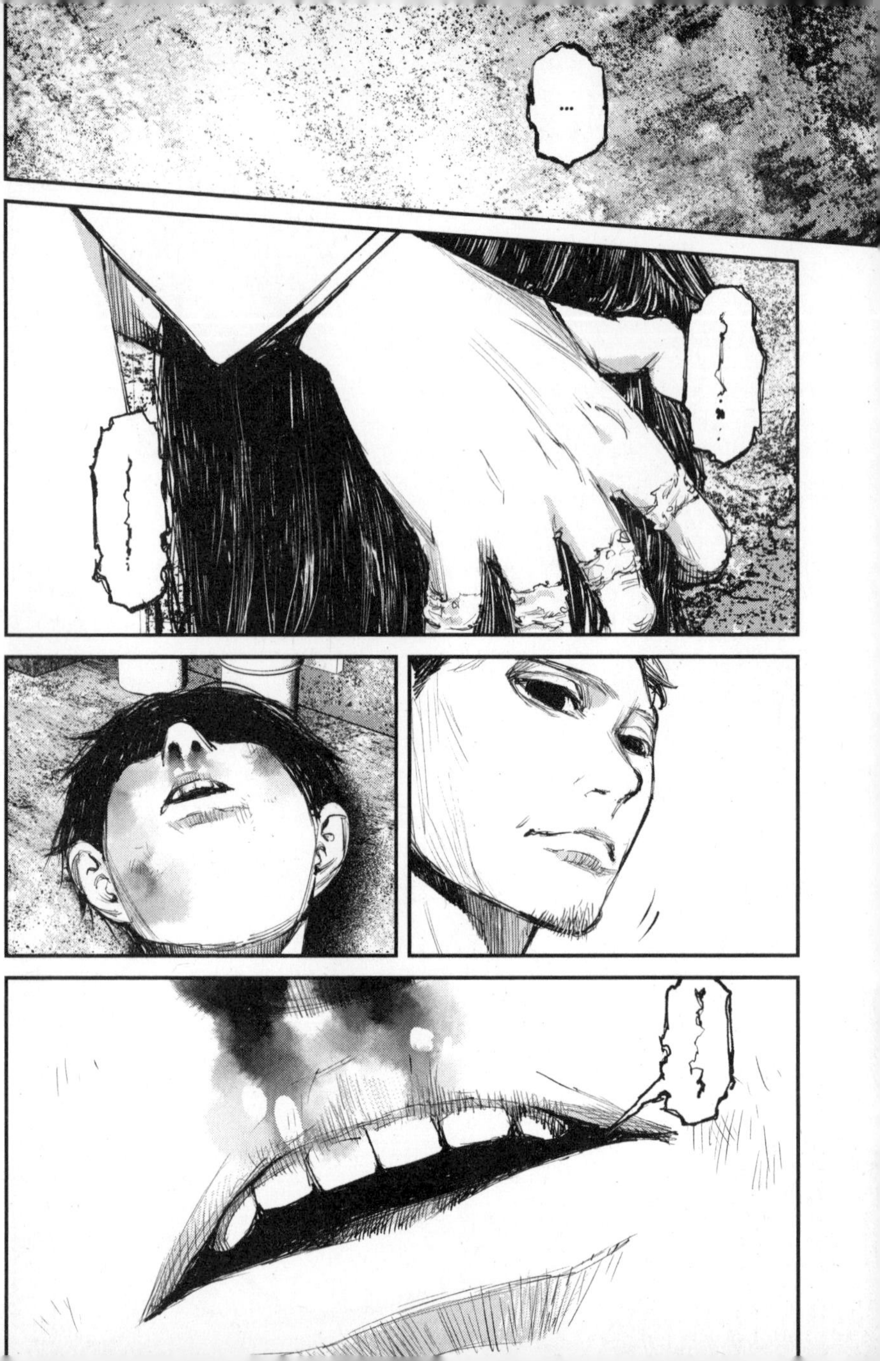

KIIIIIIIIIH

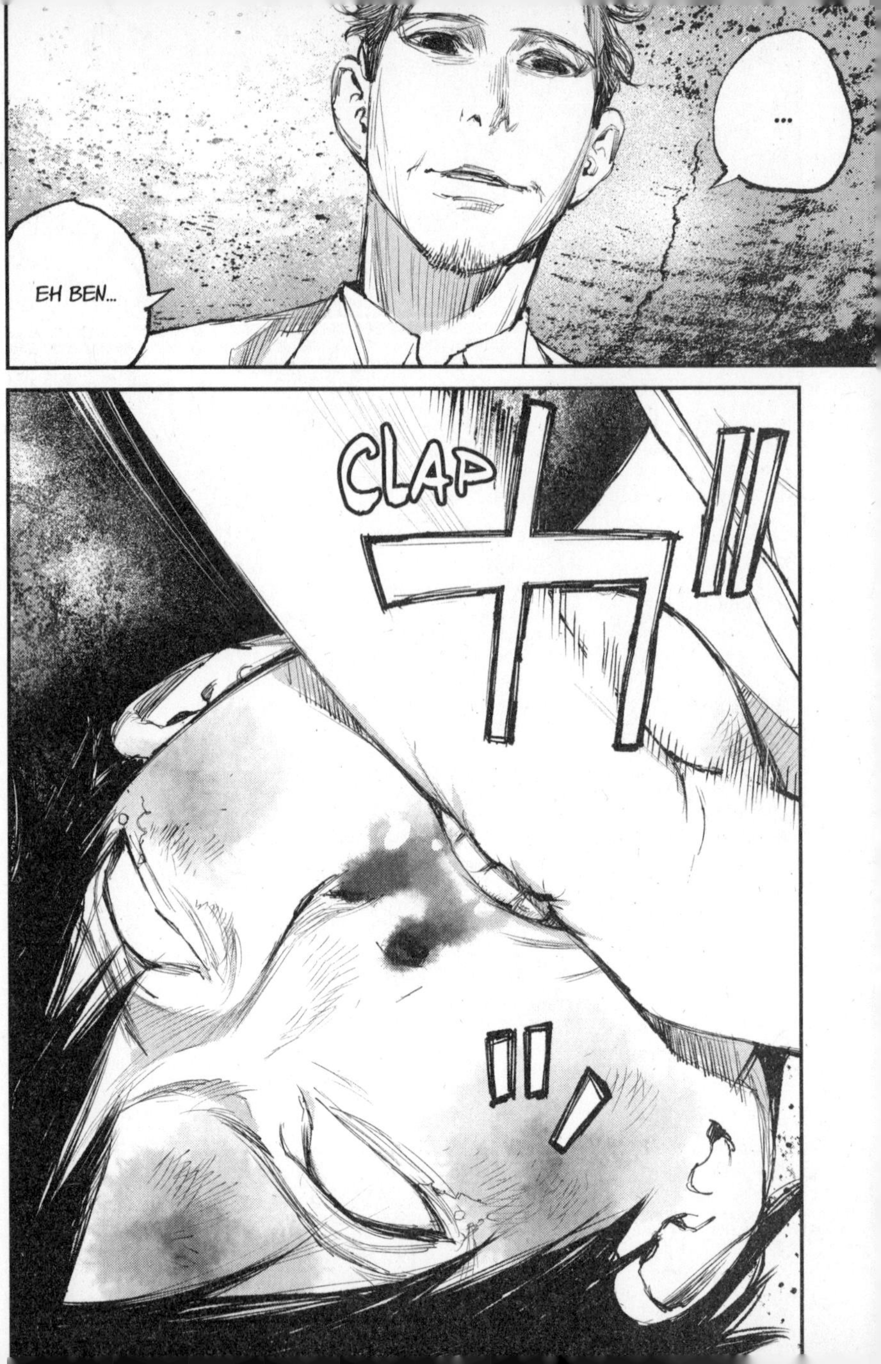
...
EH BEN...
CLAP
ガッ

CROC
CROC
CROC
HA ! HA ! HA ! HA !
OUI !
J'EN AI VU D'AUTRES, DES COMME TOI !
ILS FINISSENT TOUS AINSI QUAND ILS SONT DÉSESPÉRÉS !

TU N'AS PLUS QUE ÇA À FAIRE !
CROC
BLOM
PERSONNE NE PEUT GÉRER UN TEL AFFLUX D'ÉMOTIONS.
JE TE RASSURE...
TU N'ES PAS LE SEUL.
MAIS JE VAIS TOUT DE SUITE TE SAUVER.
ADIEU.

LA VIOLENCE EST INSTINCTIVE CHEZ L'HOMME.
EN PARALLÈLE, IL EXISTE AUSSI CHEZ LUI UNE "CONSCIENCE".
EN D'AUTRES TERMES, LA VIOLENCE EST TOUJOURS SOUMISE AU FREIN DE LA CONSCIENCE...
ET C'EST À TRAVERS CE CONFLIT QUE L'HOMME PARVIENT À TROUVER UN ÉQUILIBRE ENTRE LES DEUX AU QUOTIDIEN.
MAIS IL ARRIVE PARFOIS QUE CET ÉQUILIBRE SE BRISE.
EN RÉPONSE À LA VIOLENCE, L'HOMME NE PEUT S'EMPÊCHER DE RIPOSTER PAR INSTINCT DE SURVIE.
MAIS QU'ADVIENT-IL LES FOIS OÙ LA VIOLENCE DE L'ADVERSAIRE EST BIEN TROP GRANDE ?
CHAPITRE 5

LES FOIS, PAR EXEMPLE, OÙ L'HOMME SE FAIT TORTURER DE MANIÈRE UNILATÉRALE, LE PRIVANT DE SA LIBERTÉ ?
KIIIIII
IIIII
QUAND LA VIOLENCE EST NON SEULEMENT PHYSIQUE, MAIS EN PLUS PSYCHOLOGIQUE...
IIIH
L'HOMME PEUT SE MÉTAMOR-PHOSER.
III

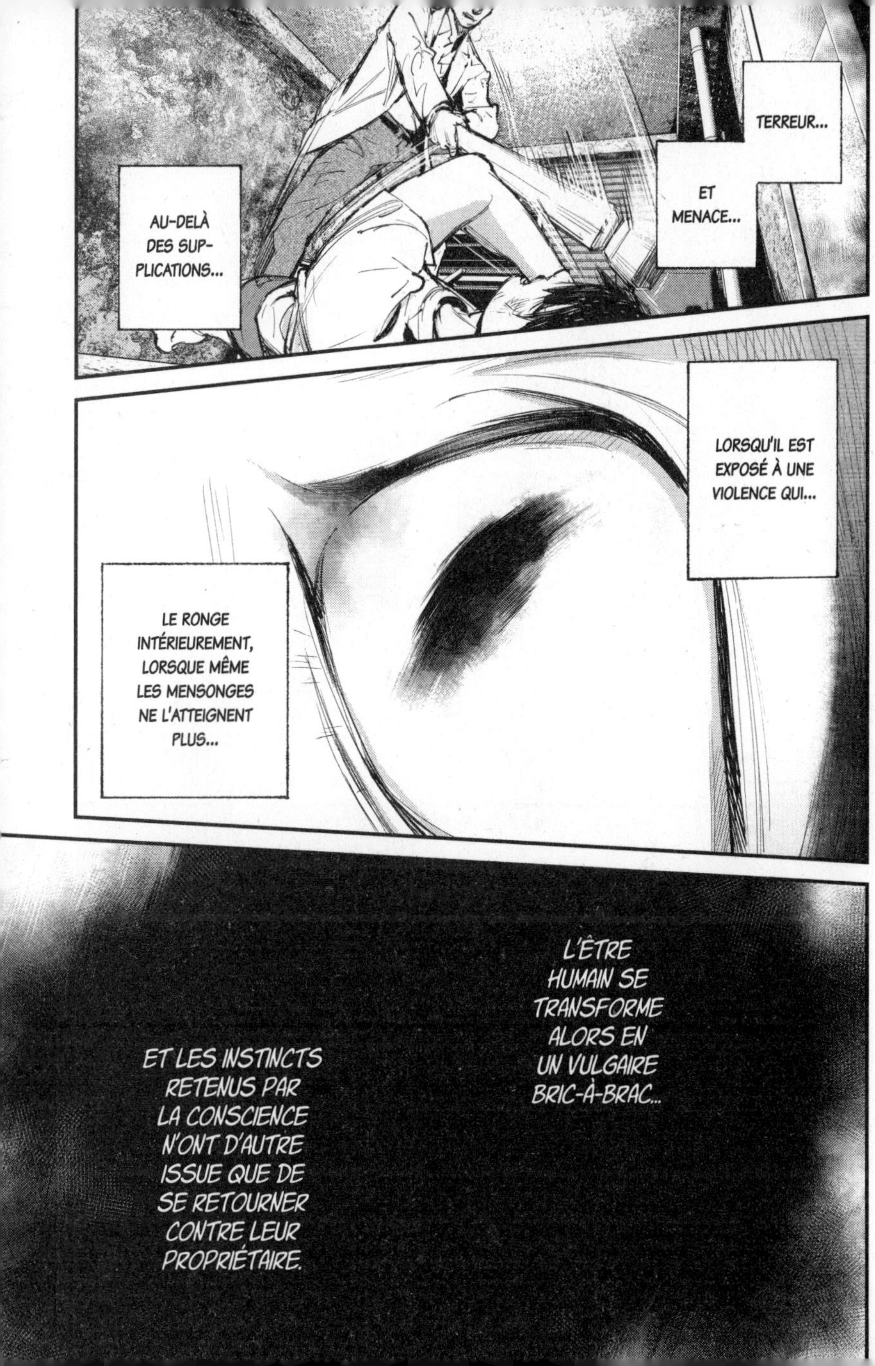
TERREUR...
ET MENACE...
AU-DELÀ DES SUPPLICATIONS...
LORSQU'IL EST EXPOSÉ À UNE VIOLENCE QUI...
LE RONGE INTÉRIEUREMENT, LORSQUE MÊME LES MENSONGES NE L'ATTEIGNENT PLUS...
L'ÊTRE HUMAIN SE TRANSFORME ALORS EN UN VULGAIRE BRIC-À-BRAC...
ET LES INSTINCTS RETENUS PAR LA CONSCIENCE N'ONT D'AUTRE ISSUE QUE DE SE RETOURNER CONTRE LEUR PROPRIÉTAIRE.

IL A PÉTÉ UN PLOMB.
C'EST PAS BEAU À VOIR.
PLUS AUCUNE DIGNITÉ, RIEN.
QUAND UN HOMME EN ARRIVE LÀ, IL EST FOUTU.
IL NE PEUT PLUS RETOURNER À LA NORMALE.
LA THÉORIE DU TUEUR PSYCHOPATHE
HISTOIRE DES TUEURS EN SÉRIE
INSTINCT REPRODUCTIF ET MEURTRE
LE MYSTÈRE DE LA CULTURE CANNIBALE
QU'EST-CE QU'UN PSYCHOPATHE ?
PSYCHOLOGIE DES CRIMES VIOLENTS
HISTOIRE SPIRITUELLE DE LA MORT

TU AS ENQUÊTÉ À NOTRE SUJET, DIS-TU ?
PROBABLEMENT POUR SURMONTER TON TRAUMATISME, JE SUPPOSE.
QUOI QUE L'ON FASSE, UN BOULON PÉTÉ NE PEUT ÊTRE RÉPARÉ.
C'EST POURQUOI, DANS CE MONDE BUGGÉ, NOUS N'AVONS PAS D'AUTRE CHOIX QUE D'ESSAYER...
DE SOULAGER LE BOULON CASSÉ PAR LA VIOLENCE.

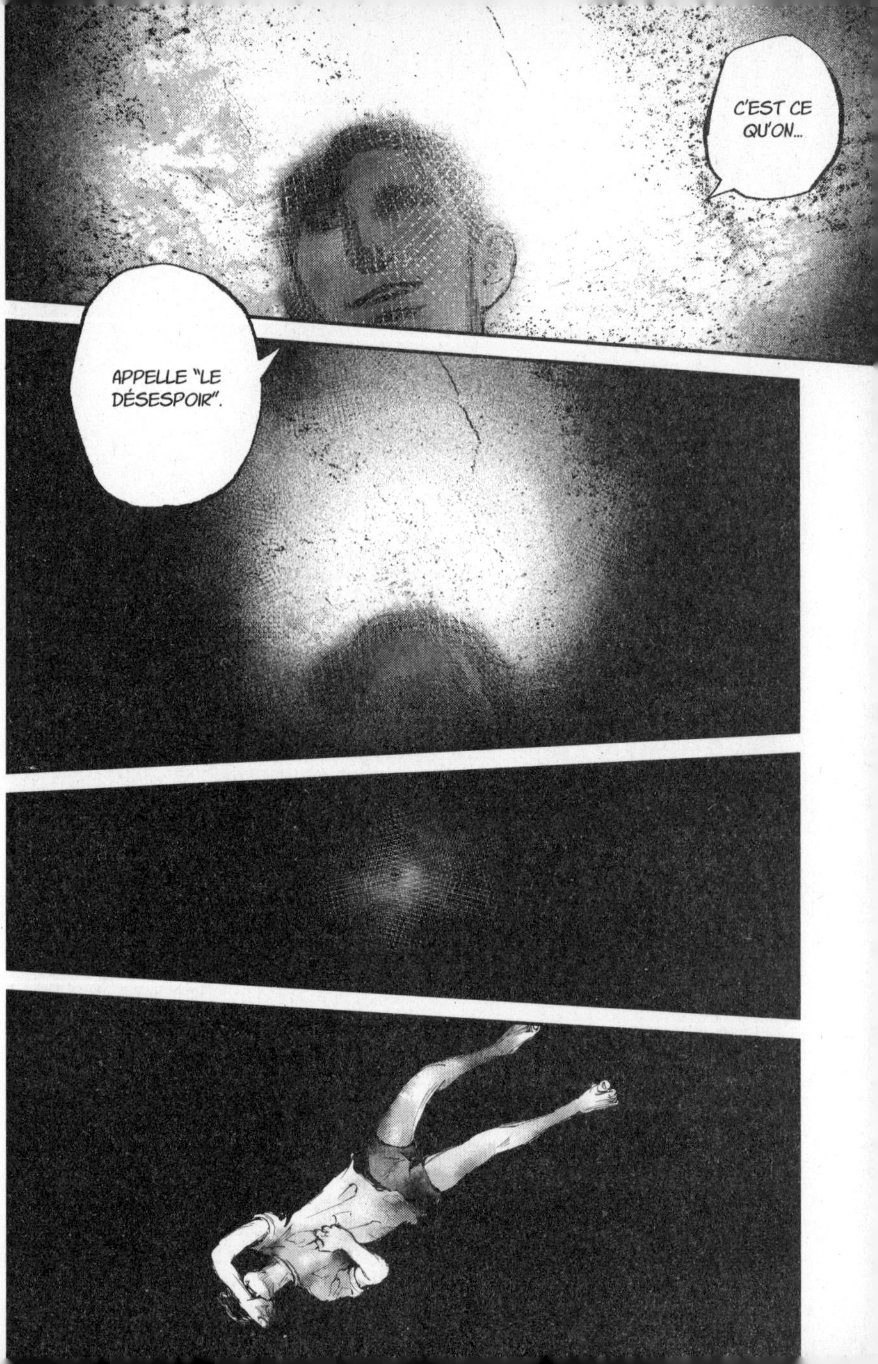
C'EST CE QU'ON...
APPELLE "LE DÉSESPOIR".

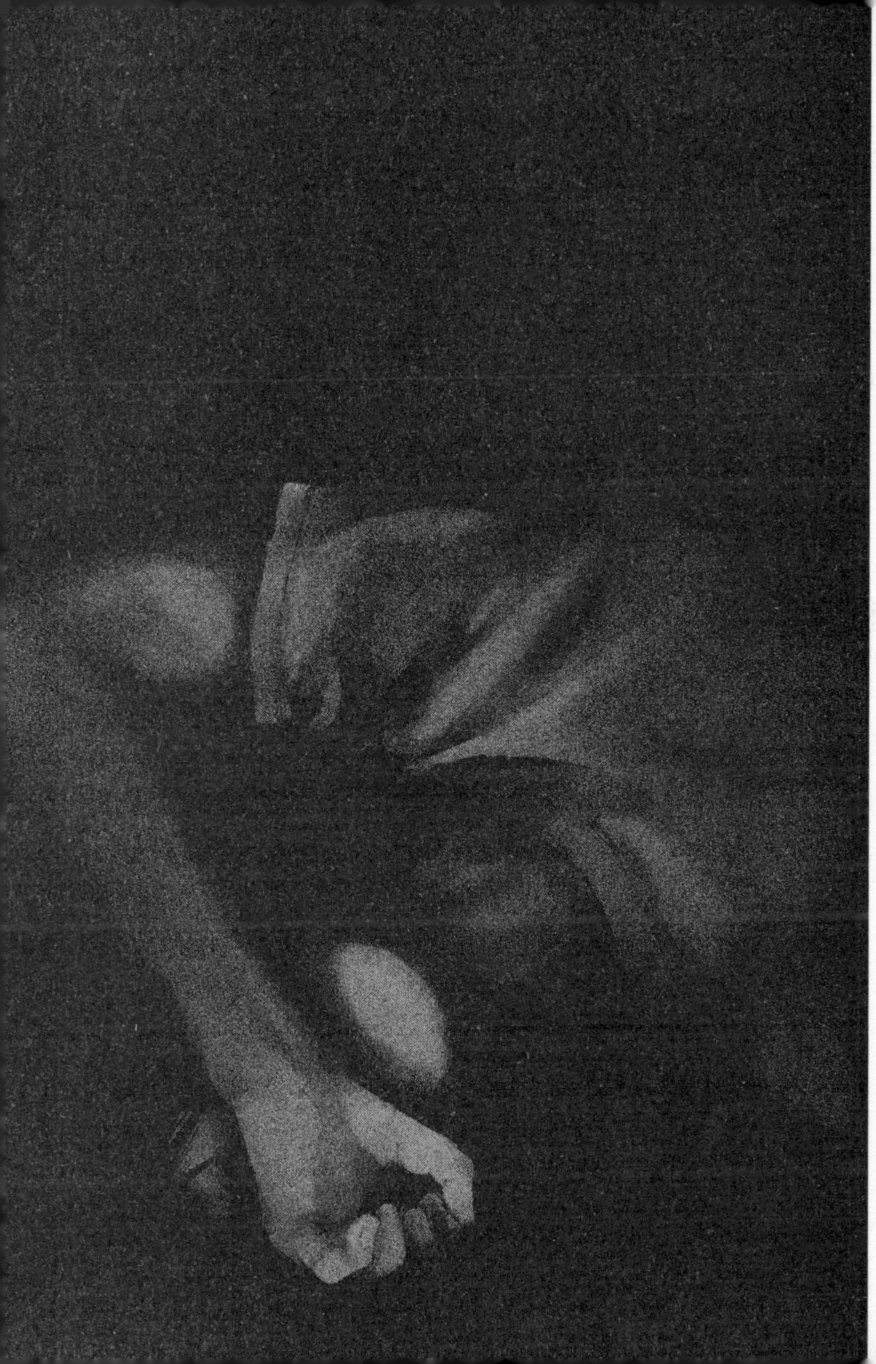

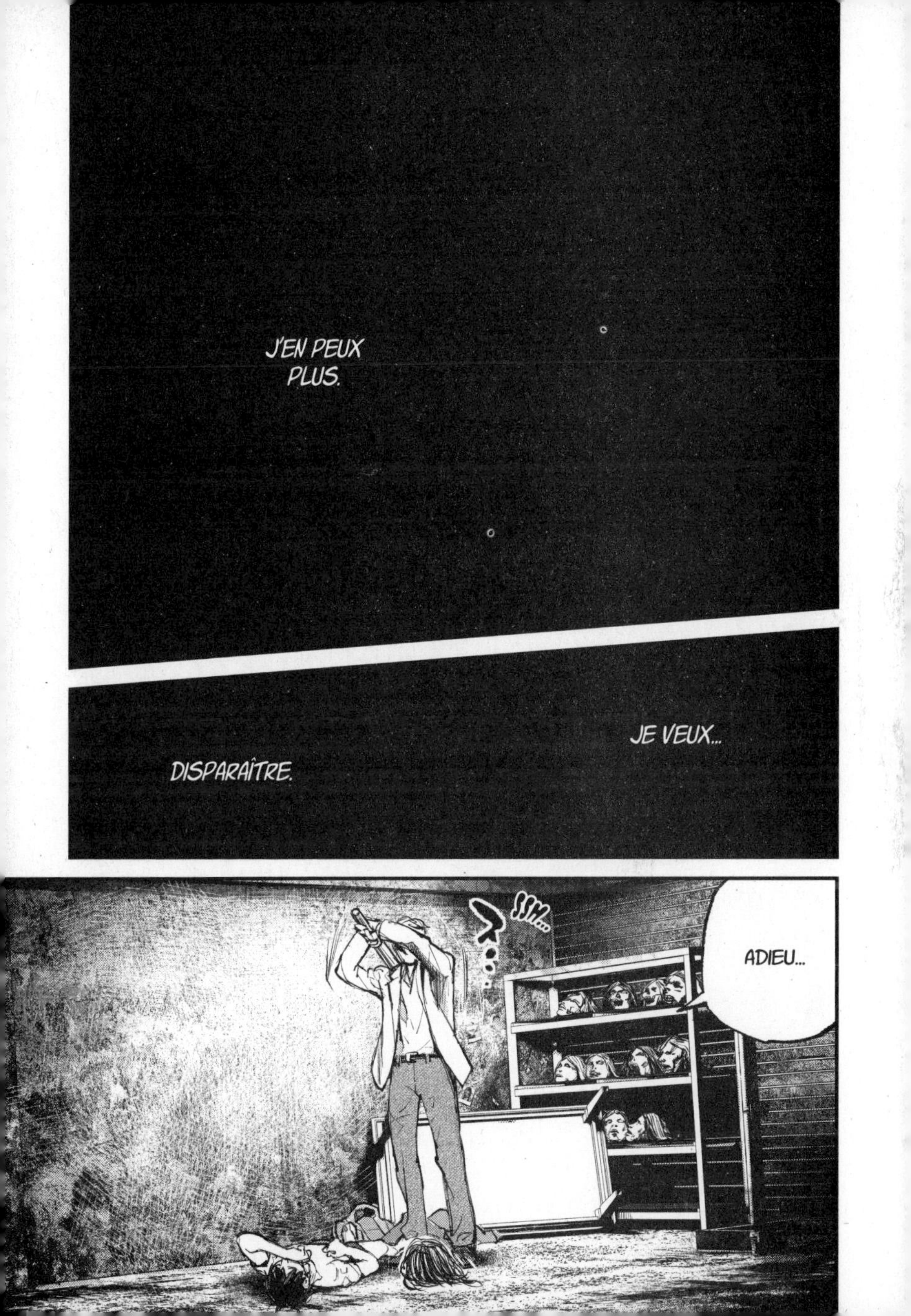
J'EN PEUX PLUS.
JE VEUX...
DISPARAÎTRE.
ADIEU...
SSM...

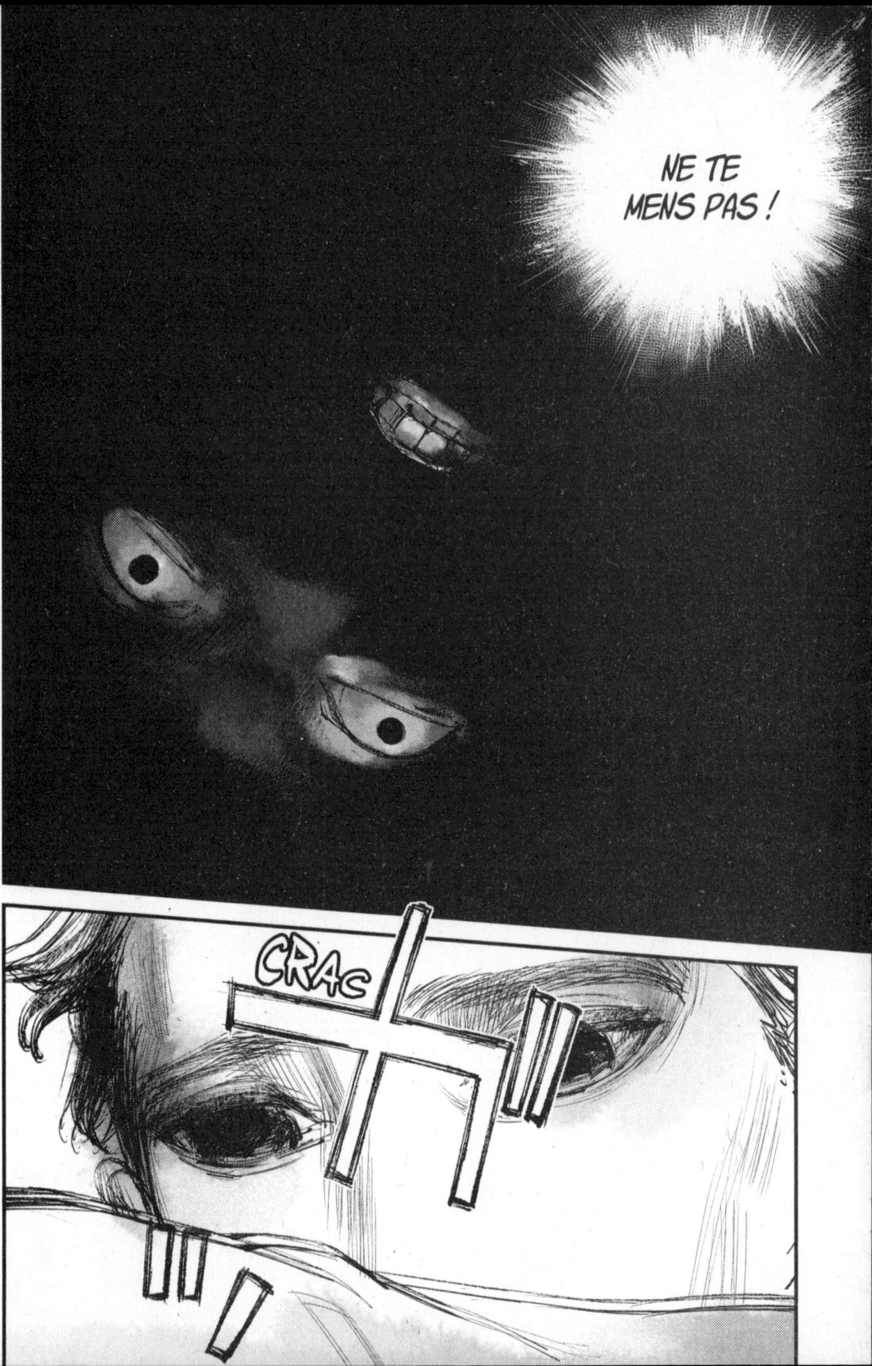
NE TE
MENS PAS !
CRAc

...
OUH...
FRRT...

OUAH...
AAAAAH !..
PUTAIN...
DE GOSSE !
QU'EST-CE QUE TU FOUS !
!

FRRT
TCHAC
QUOI ?

UN HOMME ACCULÉ À CE POINT MENTALEMENT NE PEUT NORMALEMENT PAS RIPOSTER.
C'EST IMPOSSIBLE !
JOUE-T-IL LA COMÉDIE ?
OU A-T-IL RÉUSSI À S'EN SORTIR SEUL ?
C'EST ABSURDE...
IL AVAIT CRAQUÉ MENTALEMENT, C'EST CERTAIN !
...
...
IL SE MOQUE DE MOI !

TAP
VIOUH
!
DEPUIS QUAND L'A-T-IL RÉCUPÉRÉ ?!
LE MORCEAU DE VERRE DE TOUT À L'HEURE !
BAM

DAM
CRAC

AAAAAA...
AAAH !
UNE FEINTE !
L'ORDURE !
C'EST QUELQU'UN D'AUTRE !
QU'EST-CE QUI S'EST PASSÉ ?!
C'EST PLUS LE MÊME HOMME !
C'EST MAUVAIS !
EXTRÊMEMENT MAUVAIS !

JE T'AI LONGUEMENT ÉCOUTÉ.
PAUVRE ...
SINGE...
MALADE !

TU PARLAIS DE "DÉSESPOIR", JE CROIS ?

LAISSE DONC CETTE FAIBLESSE AUX INFÉRIEURS.

JE SAIS...
COMMENT UN PAUVRE LYCÉEN PEUT-IL ÊTRE AUSSI INTIMIDANT ?
J'AI COMPRIS !
...
C'EST FORCÉMENT ÇA.
QUI ES-TU ?

JE PARLE DE CELUI QUI SE TROUVE DANS LA TÊTE DE CE LYCÉEN.
AVOUE-LE, TU VIENS DE TE RÉVEILLER DANS UN CORPS ET UN ENDROIT INCONNUS, N'EST-CE PAS ?
...
IL EST INUTILE DE ME LE CACHER.
C'ÉTAIT LA MÊME CHOSE POUR MOI.

JE SUIS DÉSOLÉ.
JE M'EXCUSE POUR AUJOURD'HUI. ÉPARGNE-MOI.
RÉFLÉCHIS UN PEU.
C'EST MOI LA VICTIME, ICI.

NOUS SOMMES TOUS LES DEUX DES CHASSEURS DANS L'ÂME.
LA CHASSE EST UN ACTE NATUREL POUR NOUS.
IL TE SUFFISAIT DE ME PRÉVENIR DÈS LE DÉPART.
SI TU AVAIS TOUT DE SUITE DÉVOILÉ TA VÉRITABLE IDENTITÉ, ON N'EN SERAIT PAS ARRIVÉS À LÀ.
N'EST-CE PAS ?

TU DISAIS M'OBSERVER DEPUIS LONGTEMPS ?
TU AURAIS DONC PU T'ÉPARGNER ÇA, NON ?
OR, TU NE L'AS PAS FAIT.
SSH...
C'EST CE QU'ON APPELLE...
UNE "NÉGLIGENCE...

... VOLON-
TAIIIIIRE" !!
BAM
SOUH
OURGH...
PLOP
PLOP

...
AARGH...

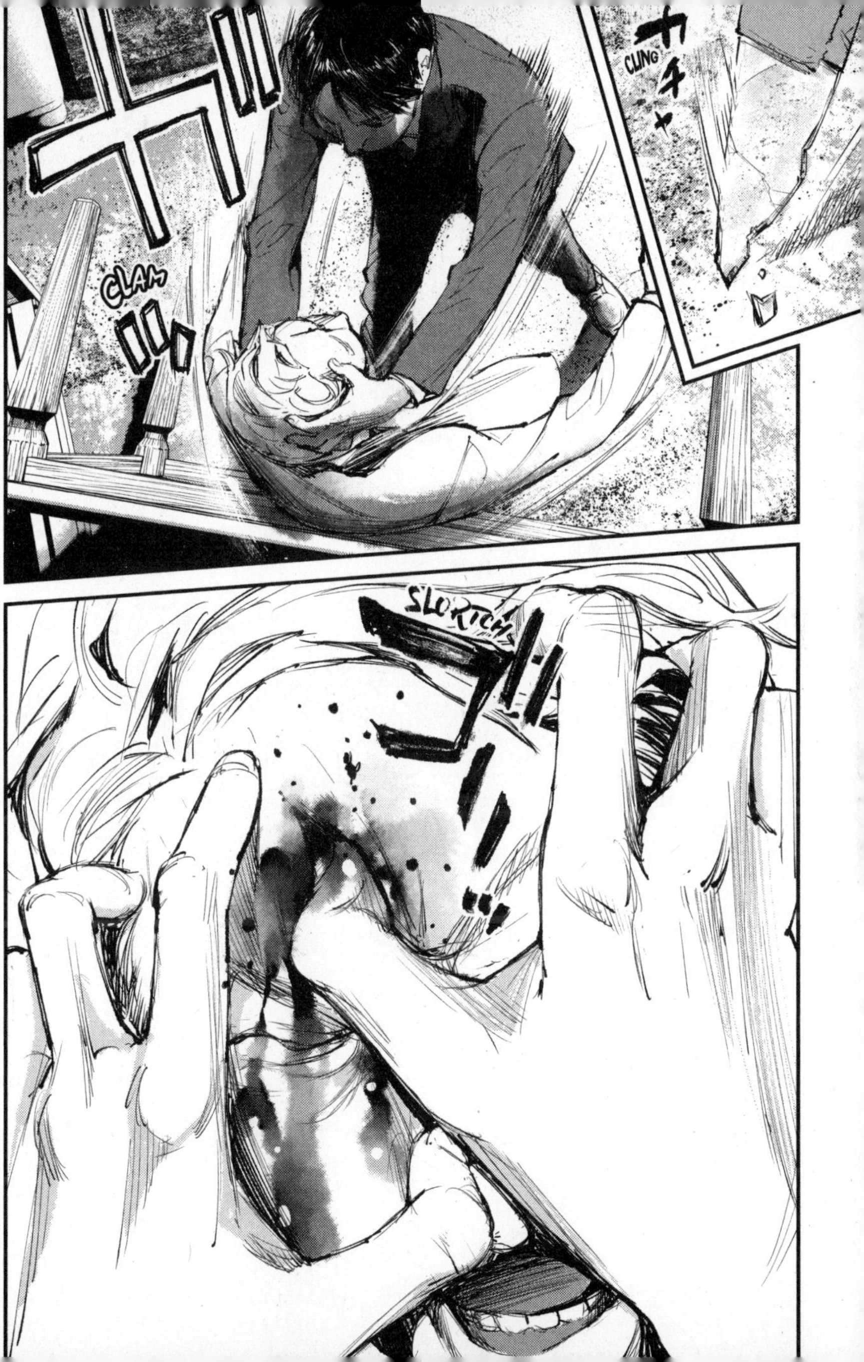
CLING
カチャ
CLAM
SLORTCH

GIIH
GIIH
GIIH
GIIH
GIIH
GRAAH !
ARRÊTE !
STOP !
DAM
DOM
GYAAAH
TCHAC

JE NE FAIS PAS PARTIE DES TIENS.
JE N'AI PAS PÉTÉ UN PLOMB...
ET N'AI DONC PAS BESOIN DE ME SOULAGER.
GLORP
A...
RR...
GLORP
Ê...
GLORP
TE...
ÉCOUTER TES COMPLAINTES A RENFORCÉ MES CONVICTIONS.
JE COMPRENDS MAINTENANT POURQUOI JE SUIS VENU ICI.

ENTERRER LES RATÉS COMME TOI : VOILÀ MA CONCEPTION...
DE LA JUSTICE !
SERIAL KILLER LAND 1 - FIN

DIX ANS APRÈS LE MEURTRE DE SA MÈRE.
QUI ES-TU ?
CE N'EST PAS LE MONDE QUI ÉTAI BRISÉ, MAIS MOI MÊME.
LE "RÉVEIL" DU GARÇON.
TOME 2 BIENTÔT DISPONIBLE

Serial Killer Land, vol. 01

SERIAL KILLER LAND volume 01
© Nokuto Koike 2022
All rights reserved.
First published in Japan in 2022 by Akita Publishing Co., Ltd., Tokyo
French translation rights arranged with Akita Publishing Co., Ltd.
through TUTTLE-MORI AGENCY, INC., Tokyo

Édition française
© Komikku éditions 2025
Traduction :
Fabien Nabhan

Adaptation graphique :
Studio Charon

ISBN : 978-2-37287-837-1
Dépôt légal : janvier 2025
Achevé d'imprimer en Italie par L.E.G.O.

www.komikku.fr